민주화와 통일의 선구자

문익환

민주화와 통일의 선구자 문익환

ⓒ 김형수, 2010

초판 1쇄 인쇄일 | 2010년 3월 31일
초판 1쇄 발행일 | 2010년 4월 2일

지은이 | 김형수
펴낸이 | 강병철
편집장 | 정은영
펴낸곳 | 자음과모음
그 림 | 박건웅
편 집 | 이혜영
디자인 | 전의숙
제 작 | 시명국
영 업 | 조광진 · 박현경 · 김상윤 · 김경진

출판등록 | 1997년 10월 30일 제10−1502호
주소 | 121−753 서울시 마포구 동교동 165−1 미래프라자빌딩 7층
전화 | 편집부 (02)324−2347, 영업부 (02)322−9674
팩스 | 편집부 (02)324−2348
e−mail | erum9@hanmail.net
Home Page | www.jamo21.net
　　　　　www.jamomall.com

ISBN 978−89−5707−494−7 (44990)
　　　978−89−5707−093−2 (set)

민주화와 통일의 선구자

문익환

김형수 지음

자음과모음

| 차 례 |

북간도 이야기

문익환은 1918년 6월 1일 중국 길림성 화룡현에서 태어났다. 그러나 그는 한 번도 자신이 중국에서 태어났다고 말한 적이 없다.

북간도 출신!

중국에서 났다면 교포 2세의 이미지가 생기고, 만주 태생이라면 유랑민의 느낌이 들며, 북간도 출신이라면 독립 운동가가 연상될 것이다. '북간도 명동촌의 아들'이라는 생각은 그에게 언제나 민족의 역사에 대한 한없는 사랑과 자부심을 불러일으켰다. 그러나 그것은 또한 자신의 조국이 점점 작아지고 초라해져 가는 것에 대한 반발 심리도 안겨 주었다. 훗날 방북 사건으로 재판을 받을 때 그는 이렇게 말한다.

> 제가 태어난 곳은 두만강 저쪽 북간도입니다. 고구려·발해의 넋이 가는 곳곳에 스며 있는 곳입니다. 우리의 옛 강토를 못난 조상들 때문에 잃어버리고 중국 사람들에게 푸대접을 받으면서 신라의 삼국 통일에 분루를 삼키면서 자랐습니다. (……) 국경을 또다시 휴전선으로 끌어내리고 이것을 조국이라고 생각하고 국토 수호에 열을 올리는 것을 저는 이해할 수 없는 사람입니다.
>
> ─ 방북 재판 〈상고 이유서〉

그가 마음속으로 고구려의 후예임을 잊지 않고, 기질적으로 광활한 초원을 달리는 유목민을 좋아했던 것은 그의 조상들이 개척한 고향 때문이었다.

때는 1899년 2월 28일. 함경북도 회령에서 실학자들이 북간도로 가기 위해 두만강을 건넌다. 북간도는 비옥한 곳인데 계속 방치하면 남의 땅(중국)이 될 터이니, 그곳에 들어가 인재를 키우자! 여기에 뜻을 모은 네 가문 141명이 북간도에 닿았을 때 문익환의 어머니 고만네는 다섯 살, 아버지 문재린은 네 살이었다.

국경을 넘은 네 가문은 공동 재산을 만들어서 서당을 차렸다. 문씨네는 형편이 나은 편에 속해서 언제나 재산을 관리하는 역할을 했다. 명동 마을의 웃어른은 문병규, 지도자는 김약연, 문익환의 할아버지 문치정은 마을 살림, 교회 살림, 학교 살림을 맡는 총무 책임자였다. 마을 지도자 김약연은 '북간도의 대통령'이라는 별명이 붙을 만큼 유능해서 조국에서 온 여러 조직과 사회단체, 또 임시 정부 요원들이 늘 그의 도움을 받곤 했다. 북간도 최초의 신식 학교인 이상설의 '서전서숙'도 김약연의 도움으로 설립되고, 그가 이끄는 자치 단체 '간민회'는 중국, 일본과 외교 활동도 수행할 만큼 영향력이 컸다. 이 같은 소문이 서울까지 퍼지자 두만강을 건너는 독립 운동가는 누구나 명동 마을에 들렀고, 또 마을의 손님은 모두 문씨네 사랑방에서 잤다. 안중근도 와서 일주일간이나 묵으면서 권총 사격을 연습했다.

그러나 무엇보다도 명동 마을을 유명하게 만든 것은 명동 학교였다. 본래 함경도의 실학자였던 그 할아버지들은 북간도로 온 후에 세상이 급변하는 것을 느끼기 시작했다. 중국까지 밀고 들어오는 서양 문물을 보면서, 이전에는 상상조차 할 수 없었던 세계와 사회, 관습과 종교, 경제와 정치에 대해 이해할 필요가 있다는 데 다들 동의했다. 특히 일제가 쳐들어오면서 논어, 맹자 등 옛 고전에 담긴 내용들은 빛을 잃어 가고 새로운 세계를 설명하는 신학문의 중요성은 갈수록 커져 갔다. 그때 서전서숙이 6개월 만에 문을 닫았다. 이상설이 고종의 밀사로 헤이그의 만국 평화 회의에 가느라 학교를 폐교한 것이다. 명동 마을 어른들은 스스로 나서서 신학문의 거점을 만들지 않으면 안 되었다. 그리하여 1906년 10월에 서당을 정리하고 신식 학교를 세우게 되었다. 이 시골 학교를 유명한 '북간도의 명동 학교'로 만든 이는 정재면 선생이었다.

처음에 김약연이 정재면에게 교사로 와 달라고 제안했을 때 이 청년은 봉급이나 대우 따위에 아무 관심이 없어 보였다. 겉으로는 선생을 할 마음도 없는 듯하다가 간절히 부탁을 하니 마지못하는 척 조건을 걸었다.

"정규 과목으로 성경을 가르치게 한다면 당장 수업을 시작하겠습니다."

어른들은 거절하자니 놓치겠고, 받아들이자니 서양 문화의 해악이 염려되어, 꼬박 사흘을 토론했다. 그렇게 해서 시작된 첫 학급에서 문익환의 아버지 문재린, 김규동(시인)의 아버지 김하윤 등이 배웠는데, 반응이 너무나 좋았다. 나이도 많지 않은 청년이 어른들이 기대했던 것보다 훨씬 믿음직스럽게 학교를 이끌어서 마을을 놀라게 한 것이다. 그런데 어느 날 젊은 선생이 보따리를 쌌다. 마을 어른들은 그를 말리며 이유를 물었다.

"지금까지 아이들만 데리고 예배를 봤는데 안 되겠습니다."

"무엇 때문인가요?"

"어른들이 모두 교회에 나온다면 몰라도 그렇지 않으면 가르칠 수 없습니다."

명동에서는 무당을 섬기는 사람도, 도박을 하거나 주정을 하는 사람도 없었다. 그런데 왜 어른들이 교회에 나와야 된다는 것인가? 젊은 선생의 답변은 단호했다.

"기독교와 신문명과 신교육을 받아들이지 않으면 일본 놈들을 이길 수 없습니다!"

어른들은 긴 토론 끝에 그 말에 따르기로 했다. 젊은 선생은 다시 신바람이 올라서 아이들에게 열정을 쏟았다. 뿐만 아니라 쟁쟁한 독립 운동가들을 교사진으로 끌어들였다. 역사학자 황의돈(최초의 여성 판사 황윤석의 부친), 한글학자 장지영, 주시경 《우리말본》의 서문을 쓴 박태환, 와세다 대학 출신의 법학자 김철 등이 새로운 선생으로 왔다. 어떻게 해서 그런 일이 가능했는지를 사람들은 먼 훗날에야 알 수 있었다.

당시, 정재면 선생은 서울 청년학관 출신으로 이동휘 · 안창호 · 김구 · 전덕기 · 양기탁 등과 함께 지하 조직 신민회에서 활동하다 북간도의 민족 교육을 위하여 비밀리에 찾아온 인물이었다. 그는 기독교인으로서 조선이 일제의 지배에서 해방되려면 교회가 매우 중요한 역할을 해야 한다고 생각했다. 그래서 명동 학교와 교회가 생기자 그는 그 운영에 헌신했다. 교회에는 주일 평균 예배자가 6, 7백 명이었는데, 1911년 독립 운동가 이동휘 선생의 부흥회 때는 인근 수백 리에서 1천여 명의 사람들이 모였다고 기록되어 있다.

그때 있었던 일 중에서 문익환이 두고두고 찬양한 사건은 마을의 여성들이 다 모여서 한날 한자리에서 단체로 이름을 지었던 일이었다. 불과 30리 거리에 일본 경찰서와 헌병대가 있는데도 이동휘는 아랑곳없이 여자도 독립운동에 나서야 한다고 목청을 높였다.

"새가 날개를 하나만 가지고 날 수 있으며, 수레바퀴가 하나로 굴러갈 수 있는가?"

난생처음 듣는 여성 해방론이었다. 그나마 명동이기에 겨우 교회나 다닐 수 있었던 아녀자들은 이날, 순식간에 가슴이 활활 타버린다. 절반의 인력, 여성을 집안에 가둬 놓고 어떻게 일본을 이길 수 있겠느냐는 말은 남성들의 가슴에도 통렬하게 박혔다. 그를 위해서 먼저 할 일이 여자도 이름을 가져야 한다는 점이었다. 그때 정재면 선생이 제안했다.

"우리 모두 주님의 자녀라는 뜻으로 '믿을 신(信)' 자 돌림으로 이름을 지었으면 해요. 각자 아버지나 오빠의 이름에서 한 글자씩을 따다가 '신 뭐'라고 짓기로 합시다."

그리하여 개똥네, 데진네, 곱단이, 샛별이, 농빼 같은 이름들이 하루아침에 줄줄이 정신태, 주신덕, 김신경, 김신훈, 김신국, 김신우, 김신근, 문신린, 문신재, 문신열, 문신학, 윤신영, 윤신현, 한신

환······들이 되었다. 문익환의 어머니 고만네가 '김신묵'이 된 것
도 이때였다. 문익환은 이 사건에 감동을 받아서 자신이 '신'자 돌
림 여성의 아들이라는 점을 평생 잊지 않으려고 노력했다.

때릴 줄 모르는 아이

문익환이 태어날 때 명동 마을은 일제하의 민족 운동, 교육 운동, 신앙 운동이 지나가는 길목이었다. 북간도와 만주, 노령·연해주를 연결하는 곳. 마을 입구에는 높이가 50미터나 되는 선바위가 서 있고, 아래로 강이 흐르며, 마을 북동쪽에는 드넓은 벌이 활짝 트여 사람 살기에 더없이 좋았다. 벼농사도 잘되고 독립군이 숨기도 좋았다. 더구나 명동 학교는 입시 문제로 안중근과 이준 열사의 죽음이 갖는 사회적 의미를 물을 정도였고, 학생들이 조직한 '충열대', '암살대' 등의 비밀 결사체에는 지도 교사가 함께 참여했다. 그리고 마을 청년들은 학교 부근에서 낯선 사람들을 검문하여 수상한 자를 찾거나 친일파를 색출했다. 그리하여 조선인 일본 순사를 그만두게 한 일도 있었고, 친일파 두목을 학교로 끌고 와서 친일 단체를 해산하게 만든 사건까지 있었다.

팔팔한 물고기처럼 민족 정기가 살아 있는 마을의 한복판에서 문익환은 탯줄을 떼고 젖을 먹으며 자랐다. 아버지는 국민회 소속의 《독립신문》 기자였고, 어머니는 북간도 젊은 여성들의 지도자였기 때문에 만나는 사람마다 그를 사랑해 주었다. 그렇게 9개월이 되었을 때 만세 운동이 일어나자 그는 어머니의 등에 업혀서 그 한복판에 서게 되었다.

1919년 서울에서 3월 1일에 만세 운동이 일어나자 북간도에서는 3월 13일에 만세 운동을 하기로 약속이 되었다. 문익환의 아버지가 독립 선언서와 개회 통지서를 등사하여 교민들에게 돌렸는데, 장소는 일본 사람이 경영하는 용정 중앙 학교 뒤 채소밭이었다. 그리고 약속된 날이 밝아 오자 가슴에 태극기를 품은 교민과 학생 8천 명이 모였다.

그날은 대륙의 황사로 거친 바람에 굵은 모래가 날리는 음산한 날씨였다. 명동 학교의 브라스밴드가 앞서자 학생들은 단체 행동을 했으며 무려 2백여 리를 걸어온 교민들까지 합류해 열기가 뜨거웠다. 당황한 일본 영사관은 행사장의 경비를 자신들이 맡겠다고 중국 측에 요구했으나 거절당했다. 일제는 마침내 중국 군인들

틈새에 권총으로 무장한 사복 경찰들을 배치했다. 그러나 용정 사람들은 행사의 주제를 만세 운동이 아니라 아예 '독립 축하의 날'로 선포하여 일주일이 넘게 시위를 벌였다. 이에 일본 경찰은 첫날부터 총을 쏘았다. 모두 33명, 딱 독립 선언서의 서명자 숫자만큼 죽임을 당했다.

함박눈이 펑펑 쏟아지던 밤에 일경은 악명 높은 고등계 형사부장의 지휘 아래 시위자들의 집을 습격하고 애국자들을 끌어다 심한 고문으로 보복을 한다. 문익환의 집에서도 아버지가 구속되고 어머니가 연행되는데, 그때 문익환은 어머니의 등에 업혀 있었다.

당시에 여학교 동창회장 · 교회 여전도 회장 · 여자 비밀 결사 대원으로 나돌아야 했던 어머니는 언제나 이야기를 몰고 다니는 사람이었다. 연행되기 전날에도 그런 일이 있었다. 진압에 나선 일경(日警)이 발포한 총알이 어머니의 옷섶을 헤치고 지나가 뒤에 있던 나팔수를 쓰러뜨렸다. 매일 아이를 안고 다니다가 딱 한 번 시어머니에게 맡기고 나갔는데 하필 그날 총알이 옷고름을 자르고 간 것이다. 아이가 있었으면 총알은 틀림없이 아이의 옆구리에 박혔을 터였다. 이 사건은 어린 문익환에게 각별한 영감을 주어서 자신 대신 다른 사람이 죽었다는 사실을 오래오래 기억했다. 이처럼 문익

환은 독립운동을 가까이서 보면서 자랐다. 홍범도의 봉오동 전투, 김좌진의 청산리 대첩도 보았다.

이 같은 환경에서 자랐기 때문에 어려서부터 세상 돌아가는 것을 빤히 알고 있었다. 하지만 문익환은 신체가 허약했다. 당시 북간도는 조선에서 보나 중국에서 보나 오지 중의 오지였다. 사람들의 얼굴은 햇살에 그을어 흙빛이고, 살갗은 바람에 바스러져 나무껍질 같았다. 명동 마을에서 도시 아이 같은 사람은 문익환밖에 없었다. 피부색은 희고 콧날은 오뚝하며 키는 훤칠했다. 목청은 소녀처럼 가늘었고, 성격은 조용하고 명상적이었다. 감성과 직관은 살아 있었지만 몸이 병약하여 만성 두통에 시달렸다.

익환이는 누굴 때릴 줄 몰라요. 맞았지. 그때 (시)어머니가 "무의식중에라도 손이 나가지 않니? 어째 그리 맞니?" 이랬단 말입니다.

그는 어찌나 착했는지 늘 동생하고 붙어 다녔는데 형제간에 싸우는 일이 없었다. 동생 문동환이 일곱 살 때 겪은 일이다. 형제는 텃밭에서 김을 매고 있었다. 형은 자발적이었지만 동생은 힘들어서 억지로 하고 있었다. 그러다 보니 한 이랑씩 똑같이 맡았는데도 동생이 자꾸만 뒤로 처졌는데, 웬일인지 형의 이랑보다 자신의 이랑에 풀이 더 많았다.

"형, 왜 내 이랑에는 풀이 더 많아?"

"그래, 그러면 네 이랑과 내 이랑을 바꾸자."

얼마 지나면 형은 또 앞으로 나아가고 동생은 떨어져서 다시 불평을 했다. 문익환은 동생이 아무리 여러 차례 반복해서 투정해도 군말 없이 동생의 뜻을 받아 주었다. 또한 소학교(일제 강점기의 초등학교) 때는 몸이 불편한 동네 아이를 업고 등교시킬 만큼 남을 배려하는 마음이 크기도 했다.

문익환네가 명동 교회의 중심이 된 것은 아버지 문재린 때였다. 문재린은 삼일운동 당시 국민회의 서기이면서 《독립신문》 기자였는데, 일본군의 탄압을 겪으며 교회 활동에 애착을 갖게 되었다. 일본군은 1920년 8월부터 독립군 토벌을 하겠다고 나타나서 그해 10월 인근 지역 청장년 33명을 학살하고 남은 청장년을 전원 포승으로 묶어 교회당에 들어가게 한 뒤 주변에 짚을 쌓고 휘발유를 뿌린 후 불을 질러 죽였다. 그리고 그도 모자라, 동네 사람들이 죽은 이들을 한데 묻자 다시 와서 시체를 파낸 뒤 불을 질러 소각시켰다. 이에 어른들은 가만히 앉아서 죽기를 기다릴 수는 없다고 회의를 열어 만세 운동의 주역들이 자수하기로 결정했다. 그리고 교회 대표로 최선택 목사, 국민회 회장 김정규, 국민회 경호부장 김강이, 학교 대표 김석관, 국민회 동구 서기 및 《독립신문》 기자 문재린 등 5인이 선정되어 11월 10일 제 발로 걸어가 구속되었다. 죽음을 각오한 자수였다. 그중 몇은 처형되고, 나머지는 이듬해에 석방되었다.

석방된 후 문재린은 곧 명동촌의 새로운 지도자로 떠올라 유년 주일 학교 교장을 거쳐 교회 장로로 피선되었다. 당시 나이 25세. 그러나 만세 운동을 고비로 명동 학교는 서서히 빛을 잃기 시작한다. 캐나다 선교부가 교통의 요지에 은진 중학교, 명신 여학교 등 미션 스쿨을 세우면서 북간도 교육의 중심지가 용정으로 옮겨 간 것이다.

하지만 명동 마을의 아이들에게는 마을이 한가로워진 것이 오히려 좋았는지 모른다. 문익환의 일생에서 명동 학교 시절처럼 아름답고 행복한 때는 없었다. 자연환경도, 가정 형편도, 시국 상황도 평온했다. 그 무렵의 마을 풍경은 여러 사람의 글에 자주 나온다. 용정에서 서북쪽으로 30리, 버들방천이라 부르는 작은 강이 흐르는 곳. 강 양쪽에 부락들이 있는데, 학교촌이 가장 컸다. 할아버지가 처음 당도했던 아편 마을에는 윤동주네가 살았는데, 언덕에 교회가 있고 큰 나뭇가지에는 종이 얹혀 있었다. 이것이 윤동주 시에 나오는 교회 첨탑이다. 강을 따라 오른쪽에 있는 세호촌 김정우네 과수원은 인근에서 가장 아름다운 곳으로 꼽혔다. 거기에서 오른쪽으로 올라가면 다시 냇가가 있고, 냇물을 거슬러 끝나는 곳에 동거우가 있었다. 그 맨 꼭대기 기와집 두 채 중 하나가 문익환의 태

를 묻은 집이었다.

그곳에서 문익환은 동화처럼 살았다. 친구 윤동주, 송몽규, 김정우와 함께 아버지가 장로로 있는 주일 학교를 다니며, 성탄 때는 교회당 옆의 윤동주 집에서 새벽송 준비를 하고 밤새워 꽃종이를 만들었다. 옷을 두툼하게 껴입고 벙거지를 뒤집어쓰고 개가죽 버선을 신고 새벽 눈길을 걸어 다니며 찬송가를 부를 때는 하느님의 나라가 따로 없었다.

그 시절 학교 성적은 문익환이 가장 뛰어났다. 문익환이 한 번이라도 낙제점을 받은 것은 일본어밖에 없었다. 일본어를 못하는 것은 어른들의 영향이었는데, 주민들이 학살된 이후 명동 학교에서도 일본어를 가르쳤지만 누구나 "왈본말은 배우고 싶지도 않아!" 하고 수치스럽게 생각했다. 날 일(日) 자를 밟으면 빈대떡처럼 퍼져서 가로 왈(曰)이 된다고 해서 명동에서는 일본어를 '왈본말'이라고 불렀다.

학교에서는 연호를 사용할 때 국치 몇 년이라는 표현을 사용하였다. 합방된 해를 잊지 말고 늘 해방을 염두에 두자는 뜻이었다. 또 해마다 8월 29일에는 '국치일'의 행사를 거행함으로써 민족의 한을 풀자고 맹세하였고, 개천절이나 삼일절이 되면 단군 초상화를 정면에 걸고 속히 광복이 오기를 기원하였다. 교장 김약연 선생은 국경일이건 국치일이건 태극기를 걸어 놓고 민족애를 설파했으며, 한 선생은 가끔 옷을 거꾸로 입고 다니면서 학생들에게 온 나라와 민족이 일제의 지배를 받는 뒤바뀐 세상임을 일깨워 주었다. 또한 역사 현장의 답사를 통해 애국심 교육을 실시했는데, 특히 발해성의 성지, 해란강 유적 고구려 고분, 용정 부근의 발해 유적은 민족의식을 높여 주었다.

교실에서 열네 명밖에 안 되는 동기들끼리 어찌나 개성들이 강한지, 두들기면 서로 다른 음을 내는 건반 같았다. 문익환은 목소리가 아름답고 음악적 재능이 있어서 동요 대회에서 상도 받고 피아노도 쳤으며 악보도 읽었다. 윤동주는 문학에 특별한 재주가 있었으며, 송몽규는 연설을 잘하고 정치의식이 높아서 장래 희망을 독립군으로 정해 놓고 있었다.

문익환의 동기들이 과외 활동에서 단연 두각을 드러낸 분야는 문학이었다. 윤동주는 4학년 때부터 《어린이》라는 잡지를 구독하고, 송몽규는 《아이 생활》을 보았는데, 그 나이에 북간도의 아이들이 서울에 있는 잡지를 구독 신청한다는 것은 상상할 수 없는 일이었다. 그러다가 5학년 때는 자신들이 직접 어린이 잡지를 내겠다고 선생님을 찾아갔다. 선생님이 칭찬하며 《명동》이라는 이름을 지어 주자 문집 발간을 시작했다. 6학년 때는 학생회를 자치제로 개편하고 신문사를 두면서 문익환이 초대 사장이 되었다. 그 벽신문(壁新聞)의 주요 필자들(윤동주, 송몽규, 김정우, 문익환)은 훗날, 중학교 2학년 때《동아일보》신춘문예에 당선하는 송몽규를 필두로 53세가 되어서야 등단하는 문익환까지 모두 등단을 했다.

문익환이 자라는 동안 가족도 한 명씩 늘어서 아우 동환에 이어 세 살 터울로 두환이 태어나고, 1926년에는 장녀 중환, 다시 두 살 터울로 차녀 경희가 줄을 이었다. 그러나 예기치 않은 병마가 찾아왔다. 돌도 안 된 중환이 열병을 앓을 때였다.

명동에 하나뿐인 의원은 풍이 들어서 고칠 수 없다고 포기했지만 문재린은 스스로 연구했고 고민했으며 기록을 남겼다. 그에 의하면 아기가 스스로 혀를 잡아 뜯는데 길이가 다섯 치나 되게 빠져나와 있었다. 증상이 심각한 갓난아이를 업고 신식 병원이 있는 도회까지 가는 것은 불가능했다. 하는 수 없이 윗목에 눕혀 놓고 기도를 드렸는데, 한 시간 정도 엎드렸다 일어나 보니 아기의 혀가 감쪽같이 들어가 있었다. 문재린은 하느님이 살려 주신 것이라고 믿어 이 아이의 이름을 선희(善禧)라고 고쳤다.

이 같은 문재린의 태도는 이웃들에게 깊은 존경심을 불러일으켰다. 그는 명동 교회의 장로로 뽑힌 후 화룡현 아홉 교회의 전도사로 임명되고, 평양 장로회 신학교에서 공부를 하고 와서 북간도 기독교 사회의 중심인물로 떠올랐다. 캐나다 선교부가 주목하지 않을 리 없었다. 캐나다 선교부는 한국 교회가 장차 한국인의 손으로 운영되어야 하므로 유능한 인재를 유럽이나 미국으로 유학시켜야 한다고 생각했다. 그 첫 수혜자로 문재린이 뽑혔다.

아버지가 유학을 떠나자 집안일은 송두리째 어머니의 몫이 되었다. 북간도의 삶은 전쟁이었다. 끝이 없는 것 같은 겨울의 추위는 소꼬리도 자를 만한 맹위를 떨쳤다. 그래서 어느 집이건 날씨가 서늘해지면 본능적으로 온돌부터 고쳤다. 구들장을 뜯어내고 고래 안에 있는 재와 흙을 긁어낸 다음 구들장을 다시 놓는 일은 쉬운 게 아니었다. 또한 북간도의 세찬 풍파에 시달리며 구멍이 난 바람벽을 찰흙으로 손질하는 것도 여간 고역이 아니었다. 헌데도 어머니는 그런 일을 전혀 두려워하지 않았다.

어머니의 고된 삶은 문익환의 어깨에 막중한 짐을 얹어 주었다. 집안일을 돕느라고 학업을 소홀히 할 수는 없었다. 명동에 있는 4, 5만 가호 중 고등 교육을 받는 이는 겨우 다섯에 불과한데 그중 두 명이 문재린·문학린 형제였다. 어머니는 아무리 힘들어도 인간이 '배부른 돼지'로 살아서는 안 된다고 했다. 상대가 누구든, 가령 마을에서 삯일을 하는 사람이라 할지라도, 아직 글자를 깨치지 못한 사람을 보면 지극 정성으로 가르쳐 주었다. 남자들을 북간도 최고의 지식인으로 뒷바라지한 배경에는 이 같은 탐구심과 지적 열정이 숨어 있었다. 일과를 끝내고 다시 야학에 나가는 것이 그 증거였다. 어머니는 YWCA 회장으로서 학교에 갈 수 없는 부녀자들을 위해 10여 년 가까이 야학을 열었다.

그러나 그곳은 어디까지나 중국인들의 땅이었다. 중국에 공산주의가 크게 일어나서 1928년부터 이듬해까지 용정 지역의 '공산당'들은 명동 학교를 교회로부터 분리시켜 '인민학교'로 만들려고 공작했다. 처음에는 달콤한 말로 유혹하다가 통하지 않자 점점 거칠어졌다. 학예회 때 독창만 하려 해도 반대하는 소리가 터져 나왔다. "합창이 더 민주적이오." 그들은 하는 일마다 이렇게 나왔다. 학교는 심각한 내분에 휩싸였다. 학교에서 조선어와 양잠을 가르치는 송창희 선생(송몽규의 아버지)은 공산당에 기울었다. 학생들에게 인기 있는 한준명 선생은 교회 편에 섰다. 각 가정도 사정이 비슷해서 윤동주의 아버지는 공산당을 선호했지만, 윤동주는 빠짐없이 교회에 나왔다.

이렇게 이념 대립이 커지자 나중에는 공산당이 밤마다 복면을 하고 들어와 흉기를 들고 위협을 가했고, 밤이면 죽어 나가는 사람들이 수두룩했다. 문익환은 그러한 참담한 현실에 좌절했다. 교회 측은 갈수록 열세인데 삼총사처럼 어울리던 소꿉동무마저 공산당의 편에 섰다. 겨우 열두 살의 나이에 소학교 5학년생인 송몽규가 서슴없이 어른들 앞에 나서서 연설을 하고 다녔다. 그러던 끝에 명동 학교가 인민학교로 바뀌자 아침마다 예배를 보던 시간도 없어졌다. 공산당 청년들에게 미움을 받던 한준명 선생도 쫓겨났다. 하나의 '항일 애국 단체'라고 칭송되던 명동 마을의 명성도 연기처럼 흩어져 갔다.

광야에서

명동 학교는 인민학교로 바뀐 지 6개월도 지나지 않아서 문을 닫았다. 1929년 9월, 중국의 감독을 받는 현립(縣立) 학교로 강제 편입된 것이다. 그리고 이듬해 1월, 북만주 산지(山之) 역전에서 김좌진 장군이 살해되었다. 암살자가 공산당 활동을 하던 사람인 것으로 알려지자 명동의 민족주의자들은 분노를 금치 못했다.

상황이 이렇게 되자 민족주의자들은 하나 둘 치안이 유지되는 곳으로 빠져나갔다. 문익환네는 1931년 새해에 용정으로 이사했고, 윤동주네는 늦가을에 용정으로 나갔다. 명동 학교를 졸업한 아이들은 용정에서 소학교 6학년을 한 번씩 더 다녀야 했다. 조선인들은 이중 국적자였고, 조선인들의 교육 기관은 졸업 자격을 인정받지 못했다. 그래서 윤동주와 송몽규, 김정우는 모두 명동에서 동쪽으로 10리가 떨어진 대랍자(大拉子, 화룡현 현청 소재지)의 중국인 학교로 편입하고, 문익환은 혼자서 용정 해성 소학교로 편입했다.

인구가 3만이나 되는 도시, 용정은 청나라의 금지 명령이 풀려 조선 사람들이 두만강을 처음 건너기 시작할 무렵만 해도 중국인들의 채소밭이 조금 있을 뿐, 집 한 채 없는 허허벌판이었다. 그 채소밭에 물을 대기 위해 파 놓은 우물이 하나 있었는데, 두레박질을 손으로 하는 재래 우물이 아니라 용 모양의 두레를 도르래로 이용하는 용두레 우물이었다. 그 용두레 우물이 한자로 표기하면 용정(龍井). 훗날 가곡 〈선구자〉로 유명해진 곳이었다.

용정 거리에는 여러 민족과 언어, 여러 종교가 뒤섞였다. 캐나다 선교사들과 조선인과 일본군, 중국인 들이 한길에서 교차했다. 그 해에 만주 사변이 일어나고, 이듬해에 상해 사변이 일어나서 1933년에 일본이 '만주국'이란 이름의 괴뢰국을 세우고, 청나라의 마지막 황제 부의(溥儀)를 왕으로 앉혔다. 북간도는 이제 '만주국'에 속했다.

그때 캐나다로 유학을 간 아버지 문재린이 돌아왔다. 그는 국제적인 목회자의 권위를 가지고 돌아와서 중앙 교회를 크게 번창시켰다. 명동에서 나온 사람들이 모두 교회로 다시 모이고, 문재린은

2년 만에 예배당을 2층으로 신축했으며 전도사도 다섯 곳에 파견했다. 문익환도 용정 중앙 교회의 소년부 회장이 되었다.

그러나 무엇보다도 큰 경사는 중학교 입학이었다. 1932년 봄, 문익환이 입학한 은진 중학교는 마치 명동 학교를 옮겨다 놓은 것처럼 분위기가 좋았다. 은진 중학교는 캐나다 선교부가 경영하는 기독교 계통의 학교로 일명 '영국덕(英國德)'이라고 부르는 영국 소유의 동산 안에 있었다. 이 동산에는 학생들과 동포들이 누구나 자유롭게 드나들 수 있었지만 일본군이나 경찰, 헌병 등은 절대로 출입하지 못했다. 선교사들이 일본 침략자들의 출입을 금지시킨 것이다. 게다가 학교는 김약연 선생이 교장을 맡고 아버지 문재린도 교단에 서서 성경을 가르쳤다. 그와 함께 명동 학교에서 하던 거의 모든 행사들도 부활되었다. 당시 다른 학교나 국내에서는 일본어를 '국어'로 지칭하고 우리말은 조선어라고 했지만 은진 학교는 조선어를 '국어'라 하고 일본말은 '일어'라고 했다. 교과서는 전부 일어로 되어 있었지만 선생님들은 그것을 펴 들고 우리말로 읽어 갔다. '동시 번역'으로 수업한 것이다.

문익환은 윤동주와 송몽규를 다시 만나 삼총사로 뭉쳤다. 문학적인 분위기도 살아났다. 윤동주는 윤석중(尹石重)의 동요와 동시에 심취했고, 송몽규는 중학생의 신분으로《동아일보》신춘문예에 당선해서 주위를 놀라게 했다. 이때 같이 학교에 다닌 중학교 동창들의 회고에 따르면, 문익환의 용모는 만인의 부러움을 살 만큼 두드러졌다고 한다. 얼굴이 잘생긴 데다 낯빛이 곱고 창백했으며, 행동거지가 유난히 세련되었다. 또 문익환이 사용하는 각별히 고운 언어들은 할아버지의 땅 함경도 육진(六鎭) 문화에서 흘러 내려온 것이었다. 명동의 망명자 가족들은 세종조 당시의 어음(語音)을 한말에 이르기까지 거의 그대로 유지했다.

은진 학교를 3년간 다닌 문익환은 1936년 봄, 5년제 정규 학제인 숭실 학교로 편입하기 위해 혼자서 평양으로 출발했다. 열여덟 살. 북간도에서 평양까지는 멀고도 멀었다. 용정에서 기차를 타고 두만강을 건너 상삼봉, 회령, 청진을 건너면 원산이 나오는데 그곳에서 다시 신의주행 열차로 바꿔 한참을 거슬러야 평양에 닿을 수 있었다.

그렇게 해서 눈떠 간 세계, 평양은 문익환에게 근대 체험을 제공했다. 북간도의 소년은 이제 도시의 모던 보이가 되었다. 한국에서 가장 오래된 도시. 대동강을 낀, 관서 지방의 행정, 경제, 문화, 교통의 중심지. 수많은 전설과 명승고적을 품고 있는 역사의 땅이자 평양 감사와 기생으로 유명한 풍류의 고장은 고조선과 고구려의 도읍답게 유적지도 많았다.

6개월 후 윤동주가 숭실 학교로 편입해 왔을 때 문익환은 매우 세련된 도시 학생이 되어 있었다. 그때 크게 달라져 버린 문익환을 보고 윤동주가 특히 탐을 낸 것이 모자였다. 당시 학생들은 교모를 기성품으로 사서 쓰는 게 아니라 맞춰서 썼다. 양복점에서 옷을 맞춰 입듯이 머리 둘레를 재어서 각자에게 맞게 재단하여 만들었던 것이다. 그런데 문익환의 모자는 반듯했는데 윤동주의 모자가 구겨진 채 펴지지 않았다. 윤동주는 그런 자기 모자가 싫었던지 문익환과 바꾸자 했다. 평소에 욕심이 전혀 없는 친구인데, 그때는 촌놈 냄새를 풍기는 게 싫어서 그랬는지 모른다. 문익환이 "좋아. 내 모자가 탐이 난다면 바꿔 줄 테니, 호떡 사!"라고 했다. 같이 호떡집에 가서 실컷 먹은 다음에 모자를 서로 바꿔 쓰고 찍은 사진이 오늘날까지 유명한 그들의 우정의 사진이다.

그러던 어느 날, 조선 총독부가 서양 선교사들이 경영하는 기독교 학교에까지 찾아와 신사 참배를 강요했다. 그 때문에 예배 시간이 끝나자 전교생이 들고 일어났다. '데모'에 나섰던 것이다. 문익환과 윤동주는 그 길로 자퇴하여 다시 용정으로 돌아와 버렸다. 당시 용정에는 기독교 계통의 은진(恩眞), 민족주의 계통의 대성(大成), 사회주의 계통의 동흥(東興), 친일 계통의 광명(光明) 이렇게 네 학교가 있었다. 그런데 5년제 정규 학교는 광명밖에 없었다. 친일 학교를 가야 하나 말아야 하나? 하지만 졸업 자격을 얻으려면 원치 않는 학교라도 다녀야 했다. 결국 문익환은 5학년으로, 윤동주

는 4학년으로 편입했다.

학교 수업은 조선어나 중국어는 일체 없이 완전히 일본어로만 진행되었으니, 광명 학교는 한마디로 황국 신민 문화를 체험하는 교육 기관이었다. 일본 국기 아래서 황국을 숭배하는 곳, 신사 참배를 아예 신성한 의무로 여기고 경건하게 거행하는 학교에 제 발로 찾아가 속해 있어야 하다니!

광명 학교는 조선인의 황국 신민화를 위해 세워진 학교답게, 똑똑한 학생이면 예외 없이 일본 외무성 순사나 만주 군관 학교에 보내려고 혈안이 되었다. 훗날 해방이 되자 무법천지가 된 만주에서 가장 곤욕을 치른 것이 조선인이었는데, 중국인들이 조선인 장교들을 일본의 하수인으로 생각하여 마구 죽창을 겨눈 탓이었다. 광명 학교 동창들은 훗날 박정희의 5 · 16 쿠데타에 직 · 간접적 배경이 되어 주었다.

이런 형편이고 보니 학교생활에 재미를 느끼지 못한 문익환은 틈만 나면 폐병으로 죽은 삼촌의 친구 이권찬 목사를 찾아가고는 했다. 이권찬 목사는 삼촌과 같은 날 같은 시간에 태어난 인연으로 중학 시절부터 쌍둥이처럼 어울리던 사람이었다. 때마침 1934년에 용정 동산 교회로 부임해 와서 용정 중앙 교회에 있는 문익환의 아버지랑 협력하면서 지내고 있었다. 문익환은 학교에서 느끼는 고립감을 이권찬 목사에게서 위로 받았다.

이 학교를 졸업하자 문익환은 마치 적진을 빠져나오듯 학교를 떠났다. 동급생들이 흔히 말하는 성공이라든가 출세 따위는 그에게 아무런 매력을 주지 못했다. 제국주의가 남발하는 정치적 구호들은 말할 것도 없었다. 까닭에, 집에서는 동생 문동환과 대화를 나누고, 주일이면 교회에 나가 아이들에게 봉사하며, 여가 시간에는 피아노를 치고 노래를 불렀다. 그것만이 유일한 위안이었다. 그는 일찍부터 악보를 읽거나 발성 연습을 했는데, 헨델의 〈메시아〉를 특히 좋아했다. 그러던 어느 날 조양천(朝陽川) 소학교에 교사 자리가 나자 그는 주저 없이 교편을 잡았다. 그리고 자신이 만난 선생님들을 생각하며 훌륭한 교사가 되기 위해서 수없이 많은 수기를 찾아 읽었다. 하지만 그 역시 만족스럽지 않았다.

정녕 어디로 가야 할 것인가. 고민만 더욱 깊어질 뿐이었다. 모르는 것이 많았고, 더 많은 교양이 필요했다. 배우고, 더 많은 책으로부터 얻는 것, 문익환은 그것이 세상에 나아가는 올바른 길이라고 생각했다. 그래서 끝없이 공부를 하는 그에게 아버지는 길림 사범 학교를 권했다. 그때 문득 다른 깨달음이 찾아왔다. 세계와 마주하여 깨어 있는 자들이 누구인가? 명동촌을 세웠던 김약연 선생, 명동 학교에서 아버지를 가르친 정재면 선생이 떠올랐다. 문익환은 자신의 진로에 관하여 중요한 결론을 내렸다. 명동의 꿈은 끝이 났다. 이제 더 넓은 세계로 나가지 않으면 안 된다.

끝이 없는 길

　일제 식민 지배의 어둠은 나날이 깊어 가고 있었다. 1938년에는 일본의 천황을 섬기라는 캠페인이 잦아지더니 조선 민족의 황민화를 촉진하기 위해 '창씨개명'을 시행했다. 학교에서도 조선인 학생에 대한 동화(同化) 교육이 강화되어서 누구나 일본식 이름을 써야 했다. 오히려 식민지 조선보다 지배국 일본에서 공부하는 것이 상대적으로 자유로웠다. 여기에 황민화 교육에 대한 혐오감과 외국 유학을 동경하는 심리가 겹쳐서 유학생 숫자는 줄지 않고 늘었다. 문익환도 관부연락선(關釜連絡船)을 타고 현해탄을 건넜다.

　처음 일본 신학교를 선택할 때는 진보적인 신학을 접할 수 있다는 기대감이 컸는데, 막상 닿고 보니 침략자들의 나라에서 공부하는 일이 쉽지 않았다. 다른 유학생들도 그런 정서가 강했다. 일본은 총칼로 조선을 제압했지만 조선인의 마음까지 지배할 수는 없었다. 유학생들 사이에서는 일본 제국주의의 하수인(조선 총독부의 고급 관료) 자리를 보장해 주는 고등 문관 시험을 준비하는 자들을 경멸하는 풍조가 가득 찼다. 우울하고 자조적이고 퇴폐적인 분위기가 넘쳐서 최고급 엘리트들도 자주 환영회나 송별회 같은 자리를 만들어서 술에 취하려 들었다. 그래도 제법 건전하다는 모임이 동경 지역의 남녀 신학생들이 봄, 가을에 만나서 예배도 드리고 세상살이에 대한 이야기도 나누는 '관동 조선 신학생회'였다.

1939년 4월 24일 요코하마에서 '봄 모임'을 갖기로 한 날이었다. 모임 장소인 한인 교회에 김정준, 조선출, 전택부, 전성천, 안희국, 지동식, 홍태헌, 오태환 등이 들어서자 여학생들 쪽에서 이내 키득거리는 소리가 퍼졌다.

"이렇게 만날 모여서 웃고 떠들기만 할 거야?"

전택부가 말하자 조선출이 우스갯소리로 거들고 나섰다.

"그럼 모여서 울잔 말이냐, 웃지 않고?"

여학생들 쪽이 다시 까르르 자지러졌다. 무엇이 그리 유쾌한지 대여섯 명의 여학생들 틈에서 웃음소리를 이끌어내는 사람은 다름 아닌 박용길과 공덕귀였다. 그날을 박용길은 이렇게 회고한다.

"인물이 아주 훤한 사람이 하나 왔는데, 얼굴이 갸름하고 동그란 안경을 쓴 게 꼭 부의(만주국 황제가 된 청나라의 '마지막 황제')처럼 생겨서 공 선생하고 나하고 "얘, 저기 만주 황제 비슷한 사람 왔다" 하면서 웃었던 게 생각나."

바로 문익환을 두고 이른 말이었다. 마음이 위축될 수밖에 없는 나라에서 모처럼 훈훈한 분위기를 가진 동포 처녀들을 보자 문익환도 대번에 마음이 편해졌다. 그때 보았던 박용길의 인상을 문익환은 두고두고 추억하며 이렇게 불렀다. 연분홍 코스모스!

박용길은 1937년 3월 경기 여고를 졸업하고 곧장 요코하마 여자신학교로 유학을 한 열여덟 살의 앳된 처녀였는데, 성적이 우수하고 글씨도 잘 썼으며 성격이 명랑하고 쾌활했다. 그런가 하면 공덕귀는 신앙심이 견실하고 지도자의 자질을 갖춘 과년한 숙녀였다. 두 사람은 일제에게 무장 해제 당한 대한제국의 마지막 군인들

의 딸이었다. 거기서 생긴 가정사적 시련이 기독교를 믿게 했는데, 신학생으로서는 보기 드물게 명문 학교를 졸업했다는 공통점이 두 사람에게 있었다.

당시 일본의 분위기는 조선인에 대한 차별이 나날이 거세지고 있었지만 두 사람은 거의 이방인의 고독을 느끼지 못할 만큼 씩씩했다. 기숙사에서 살금살금 빠져나가 새벽 기도를 다니기도 하고, 헬렌 켈러의 강연회며 가가와 도요히고의 부흥회도 찾아다녔으며, 일요일이면 기숙사에서 도시락을 받아 가지고 한국 동포들이 사는 동네를 찾아가 주일 학교로 인도하고 예배를 드렸다. 그에 반해 문익환은 거대한 일본 제국주의의 틈바구니에서 자신의 나약함을 미워할 뿐, 현실로 돌아오면 언제나 머리가 지끈거렸다.

1940년은 조선인에게는 공포의 해였다. 1945년까지 약 1백만 명의 조선인 노동자, 농민을 연행하는 야만적인 탄압이 시작되었

던 것이다. 그런 환경에서 동생 문동환과 장준하가 유학을 왔다. 문익환은 형으로서, 또 유학을 먼저 온 선배로서 동생의 친구들과 자주 정세 토론을 하고 신에 대한 생각을 나누었지만 현실에서는 한 발자국 물러나 있었다.

이때 문익환의 관심은 모임에서 만난 여학생 박용길에게 쏠려 있었다. 그래서 친구들과 어울려 박용길의 졸업식까지 찾아갔다.

"이제 어떻게 할 계획이세요?"

"어머니가 편찮으셔서 잠깐 서울에 다녀오려고요. 돌아오면 시나가와 교회 전도사 일을 볼 거예요."

듣던 중 반가운 소식이었다. 자신이 봉사하기로 선택한 교회에서 전도사 일을 할 거라니! 문익환은 돌아와서 즉각 편지를 보냈다. 여름 성경 학교에서 쓸 교재와 자료를 서울에서 구해 달라는 부탁인데, 그것이 평생 1천여 통이 넘는 편지를 주고받게 되는 시작이었다.

얼마 후 박용길이 돌아왔을 때 동경역에 마중 나온 문익환의 모습은 초라하고 허름하기 그지없었다. 무엇을 그리 많이 담았는지 호주머니가 불룩하고, 운동화는 찢어져 걸음을 옮길 때마다 차락차락 소리가 나며 발가락이 기어 나왔다. 또 끼니를 얼마나 건너뛰었는지 몸이 풀잎처럼 가늘었다. 그런데 이상하게도 그러한 점이 그를 썩 괜찮은 남자로 보이게 했다. 박용길은 그를 언니에게 소개하고 싶어 했다. 그것으로 박용길이 자신을 좋아한다고 생각한 문익환은 틈만 나면 교회 일에 열중했다. 그러던 어느 날 날벼락 같은 소식이 찾아왔다. 박용길이 승동 교회의 전도사를 하기 위해 서울로 돌아간다는 것이었다. 문익환은 절망했다. 몸과 마음이 다 아팠다. 문익환은 오래지 않아 결핵 말기 증상이 나타나 끝내 휴양을 결심할 수밖에 없었다.

살갗을 파고드는 추운 바람이 사납게 휘몰아치는 1941년 2월 어느 날, 역 플랫폼에는 조선과 중국 대륙을 침략하러 가는 사람들을 격려하는 '천황 폐하 만세!', '대일본 제국 만세!'를 외치는 소리가 들끓고 있었다. 그 환멸스러운 소리들을 뒤로하고 문익환은 조선으로 향했다. 하지만 병든 몸에도 청춘은 찾아와 있었다. 만난들 사랑의 마음을 쉽게 드러내지도 못할 테지만 그래도 문익환은 박용길 생각뿐이었다. 그래서 승동 교회를 찾았다. 한데, 박용길은 없었다. 자궁암을 앓는 어머니를 간호하느라 교회 일을 접고 집에 갔던 것이다. 문익환은 주소를 들고 자택까지 찾았다.

그녀의 집안은 위풍 있고 자유로운 분위기였다. 가족이 어찌나 화목한지, 박남길, 박용애, 박용길 자매는 다투는 법이 없었다. 특히 박용길은 체구는 작지만 공부도 잘하고 성격도 대범했다. 두 살 터울인 세 자매가 모두 경기여고 동문이었고, 일본에 유학 가서 사귄 남자 친구들이 모두 평양 숭실 학교 동문이었으니, 문익환도 어울리면 더없이 친할 만한 처지였다. 그러나 문익환에게는 극복하기 어려운 약점이 있었다.

박용길의 아버지 박두환 어른은 딸들을 대단히 아끼는 분이었다. 당시로서는 보기 드문 멋쟁이여서 머리도 빗이 아니라 브러시로 빗고 신발 뒤축을 밟아 신지 못하게 했지만, 아이들 옷을 명주로 해 입히면 여자들을 고생시킨다고 혼낼 정도로 여성 존중이 극진했다. 그러나 사위를 고르는 잣대는 건강에 두었으니 문익환은 눈 밖에 날 수밖에 없었다. 그래서 박용길과 인사도 제대로 나누지 못하고, 멋쩍게 혼자서 기다리다 돌아섰다. 나중에 문익환이 다시 찾아가 서울역에서 만나자고 했을 때도 형부가 박용길을 차에 태워 약속 장소에서 내리지 못하도록 집으로 데려가 버렸다. 어른들이 염려하는 까닭이었다. 병마를 이기지 않으면 접근조차 불가능했다. 문익환이 무거운 발길로 금강산 휴양을 떠난 건 그 때문이었다.

그는 금강산에서 6개월 동안 몸을 추슬렀다. 건강은 회복되지만, 학업을 마치지 못한 탓에 집에서는 걱정이 여간 아니었다. 문익환은 서둘러 일본으로 돌아갔다. 그동안 문익환이 박용길에게 보낸 편지는 가족들에 의해 대부분 사라져 버렸다. 아무리 편지를 보내도 답장이 없으니 삶의 의욕도 잃었다. 기다리다 못한 문익환은 전보를 쳤다.

"기다리다 지쳤습니다."

그러자 서울의 박용길에게서 곧 답신이 왔다. 그런데 그것은 보내지 않은 것만 못한 결과를 가져왔다. 문익환의 편지가 유실된 사실을 긴 글을 써서라도 알려야 했는데 앞뒤 맥락 없이, "슬픈 소식을 전합니다"라고만 썼던 것이다. 이 전보는 문익환을 더욱 혼란에 빠뜨렸다. 박용길은 어머니가 세상을 떠나서 경황이 없었으며 아직도 여전히 슬프다는 것이었는데, 문익환은 그것을 헤어지자는 말로 해석했다. 떠나려는 사람을 붙들고 괴롭힐 수는 없는 노릇이었다. 문익환은 정말로 슬픈 마음으로 마지막 편지를 썼다. 그리고 박용길에게서 온 편지를 모두 불에 태웠다.

그 쓸쓸한 사랑의 종말과 함께 1943년이 시작되고 이내 조선인 징병제가 공포되어 우울한 전쟁 동원령이 턱밑까지 쳐들어왔다. 유학생 사회는 분노에 빠졌다. 일본의 승리를 위해서 학병으로 갈 수 없었으나 뾰족한 수가 없었다. 그중에 가장 능동적인 행동은 장준하처럼 징병에서 탈출할 계획을 세우는 것이었다.

그러나 부드럽고 여리고 나약한 문익환은 그럴 엄두가 나지 않았다. 고민 끝에 교장 선생을 찾아갔다. 그러고는 만주 봉천에 가서 남은 신학 공부를 할 터인데 도와 달라고 간청했다. 문익환으로서는 상상하기 어려울 만큼 대범한 요청을 한 터라 일본인 교장 무라다 씨는 몇 시간의 논의 끝에 마침내 전학 증명서를 발부했다.

형제는 뒤도 보지 않고 요코하마를 출발, 부산으로 가는 관부연락선에 몸을 실었다. 그리고 배 갑판 위에 서서 어두운 밤 현해탄을 바라보면서 일본과 영원히 결별했다.

형제는 귀국하여 만주 봉천 신학교에 들어갔다가 며칠 후 학교를 그만두었다. 봉천 신학교는 평양 신학교보다 더 보수적이었으니, 학교를 옮기는 것 자체가 일본을 빠져나오기 위한 핑곗거리에 지나지 않았다. 그때 신경(지금의 장춘)의 큰 교회에서 목사로 있는, 아버지의 친구가 만보산 교회로 문익환을 안내해 주었다.

만보산은 신경에서도 걸어서 몇 십 리를 가야 하는 머나먼 오지였다. 그곳에 문익환 형제가 들어가 형은 교회 전도사를 하고 동생은 학교 선생이 되었다. 그러자 이제 어머니가 결혼을 하라고 압박하기 시작했다. 문익환의 마음에는 오직 '연분홍 코스모스' 밖에 없었다. 하지만 박용길의 어머니는 병자 문익환과 결혼하면 안 된다는 유언을 남긴 상태였다. 문익환의 어머니는 안 되겠던지 박용길과 말이 통할 만한 사람들을 골라 편지를 쓰게 했다. 작은 아들 문동환에게도 권했고, 박용길과 요코하마에서 신학 공부를 함께 했다는 중앙 교회의 전도사들에게도 권했다. 이때 문동환의 편지가 결정적인 역할을 했다. 문동환은 형의 딱한 처지를 듣고, "강가에 어머니를 두고 비가 오면 우는 청개구리 이야기를 아십니까?" 로 시작되는 청개구리 우화로 '미래의 형수'를 사로잡았다.

박용길은 문동환의 편지를 받고 마음을 굳혔다. '폐결핵 때문에 안 된다면 6개월만 살아도 좋다. 남은 인생은 선교에 바치겠어!' 박용길의 태도가 이렇게 확고하자, 박두환은 하는 수 없이 문익환더러 다녀가라는 허락을 했다. 대신 폐병 환자를 사위로 삼을 수는 없으니 엑스레이를 찍어 오라 했는데, 다행히 병원에서는 문익환이 완치된 것으로 진단하였다.

이렇게 해서 문익환은 신부를 얻었다. 한쪽은 실낱같은 바람에도 휘어질 듯 흔들리는 코스모스 처녀, 한쪽은 언제 죽을지 모르는 폐병쟁이 총각이었지만, 두 사람은 모두 틀림없는 무관의 후예이며 조선 민중을 기독교로 끌어들여야 한다는 신념을 가지고 있었다.

그리하여 마침내 결혼을 하는데, 서로의 풍습이 달랐다. 북간도에서는 혼례를 하려면 색시를 신랑 집으로 데려다가 예식을 거행했으므로 그 날짜를 신부 측에 묻지 않고 미리 6월 20일로 정해버렸다. 그러자 서울의 풍습을 따르는 박용길의 집에서 펄쩍 뛰었다. 아니, 결혼도 안 한 처녀를 어떻게 남자 집에 보낸다는 말인가. 그러나 시간은 이미 늦어 있었다. 용정에서는 모든 준비를 끝내 놓고 기다리고 있으니, 하는 수 없이 결혼식을 올려서 보내기로 했다. 서울에서 용정은 기차로 이틀이 걸렸다. 용정으로 떠나는 날, 박용길은 아무 걱정 없이 채비를 마쳤다. 그 연약한 색시가 멀리 북간도까지 가는 것이 안쓰러워서 아버지가 동행키로 했는데, 동생을 떠나보내며 언니들은 눈물 바람까지 했다.

한편 북간도에서는 문익환이 색시를 데려왔는데, 그 광활한 대지에 도저히 어울리지 않는 서울 소녀의 안쓰러운 용모를 하고, 마른 땅이라고는 없는 곳에 뾰족구두를 신고 있었다. 게다가 하도 작고 말라서, 우선 시어머니부터 과연 아기를 낳을 수는 있겠나 염려가 많았다. 그것을 눈치챈 문익환이 말했다.

"어머니, 며느리가 코스모스처럼 생겼지요?"

결혼식은 이미 치르고 왔으므로 용정에서는 기념식만 했다. 박용길에게는 신혼여행은커녕 쉴 틈조차 주어지지 않았다. 신접살림을 할 곳은 용정이 아니라 만보산 골짜기였다. 이제 만보산에 파묻혀 열심히 선교 활동이나 하자! 이것이 박용길의 생각이었다.

깊고 깊은 벽촌의 한적한 두 칸 집, 살림은 궁색했지만 박용길은 금방 첫아이를 잉태했다. 그 소식을 듣고, 너무나 작고 연약한 서울 색시가 안쓰러웠던지 신경(지금의 장춘) 중앙 교회 목사가 문익환 부부를 불러 주었다. 부목사로 초빙해 준 것이다.

그렇게 길고 긴 겨울이 끝나 가고 있을 때 비보가 날아들었다. 2월 하순, 윤동주가 후쿠오카 감옥에서 죽었다는 것이다. 문익환은 경악했다. 아, 일본 놈 소굴에서 나만 빠져나와 버렸구나! 1942년 윤동주의 하숙집에서 본 것이 마지막이었다. 문익환은 자신이 구겨진 휴지처럼 역사의 구석에 버려져 있는 것을 느꼈다. 그것은 확실히 문익환이 생각지 못한 제2의 길을 간 장준하와, 그보다 더한 제3의 길을 택한 윤동주, 송몽규에 비추어 형편없이 초라한 것이었다. 문익환은 엄청난 절망감에 빠졌다.

윤동주는 불과 6개월 뒤에 찾아올 해방의 날을 맞지 못했다. 용정에 사망 통지서가 날아온 것은 1945년 2월 셋째 주 일요일이었는데, 어른들은 교회에 가고 집에는 아이들뿐이었다. 때마침 동생 윤일주가 집에 있어서 교회에 달려가 허둥지둥 전보를 알렸다. 어른들이 오고, 잠시 후 교인들이 몰려와 집안은 삽시간에 초상집이 되었다. 그러나 빈소를 마련할 주검이 없었으니 살아 있는 자들에게는 그것이 문제였다.

윤동주의 죽음은 석연찮은 대목이 너무 많았다. 공식 죄목이 된 '경도에 있는 조선인 학생 민족주의 그룹 사건'에 대해서도, '뇌일혈'이라 알려온 사인에 대해서도 용정 사람들은 믿지 않았다. 이 의문은 훗날 여러 경로로 유출된 일제 당국의 자료들을 통해서 공개되었다. 1944년 1월 20일에 발행된 내무성 경보국 보안과《특고월보》는〈조선인 운동의 상황〉을 밝히는 가운데 '치안 유지법 위반 조선인 취조 상황'을 다루고 있었다. 송우혜의《윤동주 평전》에 의하면 윤동주와 송몽규의 죄목은 '독립운동'이었는데, 사인은 일

제 당국이 맞도록 한 주사였다. 그때 가족들이 추정한 사인은 먼 훗날 고노 에이치(鴻農映二)라는 일본인에 의해서 다시 제기되었다. 고노 에이치는 1980년에 윤동주가 생체 실험을 당했으며, 그 주사는 당시 구주 제대에서 실험하고 있었던 혈장 대용 생리 식염수 주사였을 가능성이 크다고 주장한 것이다.

윤동주의 장례 절차는 그런 의혹 속에서 치러졌다. 3월 초순 눈보라가 몹시 치는 날, 집 앞뜰에서 문재린 목사가 영결을 집도했다. 그리고 얼마 되지 않아 송몽규의 사망 소식까지 전해져서 윤동주와 똑같은 절차를 밟았다.

가장 가까운 친구를 한꺼번에 두 명이나 잃은 슬픔 속에서 문익환은 첫아이를 낳았다. 그리고 초여름 어느 날 문익환의 생가에도 위기가 찾아왔다. 일본 헌병이 문재린 목사에게 물어볼 것이 있다고 동행을 요청하면서, 어쩌면 며칠 지내야 될지 모르니 내의도 챙기라고 했다. 어머니가 헌 내복을 챙겨 남편을 보내고 얼마 되지 않았는데 문동환이 밖에서 또 다른 소식을 가져 왔다. 동산 교회의 이권찬 목사도 행방불명이 되었다는 것이다.

가족들이 아무리 알아봐도 두 사람이 간 곳을 알 길이 없었다. 김신묵은 하는 수 없이 교인들을 수소문하여 헌병대에 다니는 아들을 둔 권사에게 찾아 달라고 부탁했다. 며칠 후 권사는, 일본 헌병들이 두 목사를 체포한 것은 미군이 조선 반도에 상륙할 경우에 대비해 조선의 지도자 약 5백 명을 처형한다는 방침이 내려져서 그 준비의 일환으로 만주에 있는 지도자들을 미리 연행한 것이라는 정보를 알아왔다. 상황은 심각했다. 무엇보다도 두 사람이 끌려간 곳을 알아야 했다. 동분서주한 끝에 목격자를 만났는데, 헌병들이 두 사람을 끌고 북쪽으로 차를 타고 가다가 조양천에서 내려 다시 남쪽으로 가는 기차를 바꾸어 탔다는 것이었다. 그렇다면 아마도 함경북도 헌병대로 간 것이 틀림없었다. 그것을 단서로 아버지는 함북 성진 헌병대에 구속됐다는 것이 추리되었다. 어머니는 이권찬 목사의 부인과 함께 성진으로 달려갔다.

이제 성진에서 뒷바라지가 시작되었다. 언제 총살을 당할지 몰라서 촌각이 위태로운 날이 겨우겨우 넘어갔다. 그리고 8월 9일, 소련이 일본을 향해서 선전 포고를 하던 밤, 성진 밤바다에서 대포 소리가 요란할 때 문재린 목사는 죽음의 문턱에 가 있었다. 전쟁에 지고 있는 일본이 언제 어떻게 할지 모르는 상황인데, 현해탄 너머 히로시마에 원자 폭탄이 터져 버렸다. 그와 함께 이권찬 목사가 풀려나고 다음날 아침에 기적처럼 문재린 목사가 풀려났다. 마침내 해방, 조국 해방의 날이 온 것이다.

해방처럼 기쁜 소식은 없었다. 학생들은 밴드를 앞장세워 경축 행진을 벌이고 시민들은 연도에 나와 만세를 불렀다. 그러나 언제까지나 기쁨에 젖어 있을 수만은 없었다. 아버지 문재린은 일제가 떠나자 조선족 자치회를 설립하고 회장이 되었다. 그러고는 십 수 년 전 명동 학교를 빼앗겼던 어처구니없는 사태를 회고하면서 그 같은 상황이 다시 올 것에 대비하느라 발을 분주히 놀렸다. 용정 중앙 교회 종각에서 나부끼는 〈동포여! 하나이 되어 조국을 건설합시다!〉라 쓰인 기다린 광목천의 구호는 이러한 그의 생각을 드러낸 것이었다. 청년들은, 그동안 그렇게 갈망하던 독립을 맞았는데 이제 다시 갈라지겠느냐고, 공연한 걱정을 한다고 했지만 그 염려는 나날이 현실로 드러났다.

1945년 8월 10일과 11일 사이의 자정 무렵, 미국 국무·전쟁·해군 3부 조정 위원회의 존 머클로이는 딘 러스크와 찰스 본스틸이라는 두 젊은 대령에게 옆방에 가서 조선을 분할할 지점을 찾으라고 지시했다. 주어진 시간은 30분, 두 대령은 그것이 한 민족의 운명을 어떻게 바꾸는지에 대해서는 깊이 고민도 없이, 단지 간단한 숙제를 마치기 위해 지도를 펼쳤다. 그리고 수학 시간에 도형 문제를 풀듯이 38도선을 찾아 금을 그었다. 당사자들은 훗날 '열전과 냉전'에 관한 한반도 뉴스들을 접하면서 자신들이 무심코 수행한 업무 내용에 거듭거듭 놀랐을 것이다. 그들의 머릿속에는 수도 서울을 미군의 점령지에 포함시키자는 생각뿐이었으니, 분단은 그렇게 즉흥적으로 결정된 일이었다. 그리고 그렇게 그어진 선은 그해 10월, 공교롭게도 미국과 소련 양쪽의 군사령부가 두 망명자들의 귀환을 위한 환영식을 후원하면서 서서히 위력을 드러내기 시작했다. 이승만은 미국 점령군 사령관이 옆에 있는 가운데 강력한 반공 연설을 했으며, 김일성은 10월 14일 소련 관리들이 뒤에 서 있는 가운데 항일 영웅으로 소개되었다. 그리하여 향후 60년간, 한반도에서는 냉전 시대의 온갖 갈등이 벌어지게 된 것이다.

한반도가 북위 38도선을 경계로 분할되고, 남북이 따로따로 미소 양군에게 점령된다는 사실이 전해지자 북간도는 순식간에 아수라장이 되었다. 일단 만주를 점령한 것은 소련군이었다. 소련군의 횡포가 심해지는 틈에 위세가 커진 것은 자칭 공산주의자들이었다. 그들은 '인민 자치단' 이라는 이름을 걸고 친일분자들을 숙청했다. 특히 조선인으로 일본 경찰에 가담해서 동포들을 못살게 군 고등계 형사들은 공개 처형되었다. 그 처형 방식이 무서워서 사람들은 점점 남쪽으로 피난을 가기 시작했다.

문재린 목사는 그러는 와중에서 귀가 번쩍 뜨이는 라디오 방송을 들었다. 서울에서 여운형, 이승만, 김일성 등의 애국자들이 모여 동진공화국(東震共和國)이라는 나라를 세우기로 했다는 것이었다. 반드시 그들의 이야기를 직접 들어 봐야만 미래를 설계할 수 있을 것 같았다. 때마침 기독교 총회가 서울에서 열렸으므로 문재린 목사는 그곳에 참석했다. 그런데 주위들은 것이 온통 비관적인 내용뿐이었다. 그래서 즉각 용정으로 돌아왔는데, 그 사흘째 되는 날 공산당원 10여 명이 권총을 들고 야밤에 담장을 넘어왔다. 용정 공산당이 정식으로 문재린을 체포한 것이다. 그들은 바로 엊그제까지 독립운동을 했던 사람을 일제의 앞잡이와 똑같이 취급했다. 가족들은 화가 나서 잠을 이룰 수가 없었다.

그 소식을 들은 문익환은 매일 십자가 앞에 앉았다. 환멸스러운 세상이었다. 첫딸 영실이가 홍역을 앓고 아내 박용길마저 장티푸스를 앓는 상황에서 아버지까지 위험에 처한 것이다. 아무리 기도해도 소용없었다. 아내에게는 젖이 안 나오고, 우유도 없었다. 영실이는 갈수록 영양 상태가 부실해서 야월 대로 야위어 갔다. 어머니가 직접 나서서 은진 학교 출신 공산당원들을 찾아다니며 아버지가 간 곳을 수소문했다. 그래도 알 길이 없자 어머니는 형무소 뒤에 있는 감옥으로 잠입해 들어갔다. 그곳은 일본군들을 수용하던 곳이었다. 그 한구석 시멘트 바닥에 죽은 일본군의 시체가 있었지만 아무리 거적을 들추고 뒤져 봐도 문재린 목사의 시체는 나오지 않았다. 그러는 동안 4개월이 흐르고, 영실이는 끝내 숨을 거뒀다. 문익환은 절망했다.

한편 문재린 목사는 깊은 굴 속 방에 억류되어 소련 장교의 취조를 받았다. 서울에서 이승만에게 무슨 지령을 받았는가? 왜 만났는가? 이에 국제 정세에 어두워서 북간도 조선인의 앞날이 어떻게 될 것인지를 알고 싶어서였다고 답했더니, 이승만이 뭐라더냐고 물었다. 상식적으로, 목사가 이남에 체류하지 않고 다시 올라온 데는 뭔가 정치적 계략이 있다고 볼 수밖에 없지 않느냐는 것이었다. 소련군은 문재린 목사를 스파이로 결론짓고 사형 집행을 생각하고 있었다.

그러던 중, 중국 공산당의 팔로군과 더불어 독립 전쟁을 하던 세련된 공산주의자들이 들어오면서 북간도의 분위기가 좋아졌다. 연안에서 온 팔로군 출신의 조선인 공산당원들은 지방의 인민 자치단이 여러 가지로 과격하게 행동한 것을 보면서 민심을 수습하려 노력했다. 그리고 그 일환으로 문재린 목사를 석방시키기로 결정했다. 은진 학교 출신의 당원들이 문재린 목사처럼 사람들에게 존경받는 인사들은 석방해야 옳다고 밀어붙인 것이다.

결국 제자들의 도움으로 석방되자 이번에는 지방의 공산주의자들이 그를 소련군에게 밀고해서 다시 헌병대에 체포되었다. 나중에 조사가 끝나고 아무런 죄목이 없는 것으로 밝혀졌는데도 풀려나지 못했다. 순교를 각오하고 있던 문재린 목사는 마지막 날 혼자 남겨져 있다가 소련군 사령관에게 불려 갔다.

"당신은 아무 죄도 없이 고생했으니 얼마나 억울한가?"

문재린이 답했다.

"소경이 자기가 소경인 것을 원망해야지 개천을 원망해서야 무엇하겠습니까?"

사령관이 무슨 뜻이냐고 물었다.

"저는 서울에 갈 때 미국과 소련이 연합국으로 서로 친하다고 생각했습니다만, 안 그런 것을 몰랐으니 당연히 소경의 책임이지요. 감방에서 배운 게 많은 만큼 누구를 원망할 생각은 없습니다."

사령관은 손을 내밀어 고맙다고 악수를 청하며, 앞으로 공산당에 협조해 달라는 부탁과 함께 현관까지 배웅했다. 그러나 석방 후 문재린 목사는 앞으로 설교도 심방도 해서는 안 된다는 통보를 받았다. 문재린 목사는 마침내 용정을 떠나기로 했다. 그리하여 아버지를 먼저 남쪽으로 보낸 어머니는 문동환과 함께 급히 가산을 처분했다. 그리고 목돈을 만들어 문익환에게 내놓았다. 교인이 단 한 사람만 남아도 자기는 여기 있겠다는 장남에게 어머니는 그간의 경험들을 상기시키면서, 뜻은 좋지만 어려움에 처하면 곧바로 뒤따라 내려올 것을 당부하고 일어섰다. 이제 명동의 자식 중에서 북간도에 남겨진 사람은 문익환밖에 없었다.

문씨 일가가 북간도로 이주한 지 50년 동안 개간한 땅은 약 2만 평이었다. 용정을 떠나면서 그것을 대부분 소작인들에게 나눠 주었지만 일부는 팔았다. 어머니는 그 돈을 문익환에게 맡겼는데, 문익환은 재산을 아끼지 않고 어려운 사람들을 구하는 일에 마구 썼다. 흥미로운 것은 그 상황에서 가장 큰 시련을 만난 사람들이 일본 제국주의의 관리자들을 따라 들어온 민간인이라는 점이었다. 실질적인 식민지 관리자들은 퇴각하거나 새로운 정복자들에게 억류되고, 뒤에 민간인들만 남아 수난을 당했다. 위급한 것은 그 자녀들이었다. 중국인들이 일본인을 습격하면 아이들은 피하지도 못하고 그 자리에서 죽었다.

문익환은 배낭에 돈을 싸 가지고 다니면서 소련군에게 기차를 임대하여 위험에 처한 여자와 아이들을 남쪽으로 실어 보냈다. 그의 구제 활동으로 많은 사람들도 위험한 만주를 빠져나갔다. 자신에게 득이 될 것이라고는 없는 선행이었다. 정작 그는 사람들이 빠져나갈 때마다 교회 앞마당에 보관하고 있어야 하는 짐이 늘었고, 또 그때마다 야밤에 훔치러 오는 사람들도 늘었다. 풍금을 비롯한 각종 물건들이 많으면 많을수록 문익환의 신변은 위험할 수밖에 없었다. 실제로 중국인들이 몽둥이를 들고 습격하는 바람에 여러 차례 몽둥이세례를 받았다. 한번은 심각한 위기에서 어느 중국인이 '이 전도사는 일제에 협력하지 않은 훌륭한 사람'이라고 적극적으로 방어해 주어 모면하기도 했고, 한번은 이웃해 있는 중국집 사랑이 2층 골방에 숨겨 주어서 살아난 적도 있었다.

그 같은 일이 반복되자 문익환 부부는 더 이상 신경에 남아 있을 수가 없게 되었다. 문익환은 교인이 한 사람만 있어도 남겠다고 버텼지만, 이미 남으려는 교인도 없거니와 아내도 날마다 피난을 재촉했다. 첫아이 영실이 죽고 뒤이어 들어선 새 아이를 박용길은 반드시 서울에서 낳고 싶다고 간곡히 부탁했다.

문익환은 미처 남하하지 못한 사람들을 최대한 불러 모았다. 그리하여 1946년 초여름, 5백 명에 이르는 대규모 피난민을 이끌고 고난에 찬 행진을 시작했다. 대부분 여자와 어린아이들로 채워진 이 피난민 대열은 막대한 돈을 써서 기차로 봉천(지금의 심양)까지 닿았으나 그다음부터는 기차조차 끊겨서 요동 6백 리 길을 도보로 걸었다. 그 처량한 대열을 인솔하는 문익환의 마음은 복잡했다. 일제 침략과 함께 고향을 뜬 사람들이 일제가 물러나자 다시 떠돌이가 되어 있었다. 사실 고국에 닿는다 한들 어디에서 어떻게 살 것인지 대책을 세울 수 없는 사람들이었다. 더구나 외세 때문에 나라 사정조차 안 좋아서 남과 북은 서로 으르렁거리고 있었으니, 구름처럼 떠내려가는 이 백성의 운명은 앞으로 어떻게 될지 알 수 없었다.

일행은 되도록 밤에 걸었지만 숫자가 많아서 어느 곳도 조용히 통과하지 못했다. 운이 좋은 날은 달구지를 얻어 타고, 운이 나쁜 날은 중국인들에게 물건을 빼앗기고 폭행을 당했다. 문익환은 영어로 된 신학 서적 몇 권과 돈을 몸 이곳저곳에 감추고 나왔는데, 생김새가 달아날 데 없는 지식인이요, 귀족의 형상이었으므로 중국인 마을을 통과할 때마다 수색을 당하고 돈을 빼앗겼다. 검문이 거듭될수록, 수상한 물건을 소지했다는 이유로 곤욕을 치르는 경우가 많았다. 한번은 참외를 깎아 먹기 위해 챙긴 과도 때문에 흉기를 소지했다고 사정없이 얻어맞아서 안경이 깨져 버렸다. 팔로군들이 장악한 지대에서는 팔로군들이, 민간인들에게 걸리면 또 민간인들이 달려들어 도적떼처럼 굴었다.

문익환이 함경도 땅을 밟았을 때 안경은 깨지고 신발은 벗겨져 맨발이 되어 있었다. 그러나 그곳에서도 쉬거나 멈출 수 없었다. 교회의 목회자에게 38선 이북은 만주보다도 더 위험한 지역이었다. 문익환은 북쪽 지역을 건너며 행여 소련군에게 발각될세라 도둑 고양이처럼 발소리를 죽이고 땅에 엎드리거나 서행을 했다. 그같은 긴장 속에서 검문에서 영어 사전이 발각되어 위기를 맞았다.

"이거 미국 말 가르치는 책이지?"

"아닙니다. 영국 말을 가르치는 책입니다."

재치 있는 임기응변 하나가 생사를 갈랐다. 또 한 번은 소련군을 피해 새벽어둠을 기하느라 어둠 속에 당도한 38선에서 낙오자 점검을 하는데, 하필 남북의 경계 지점을 넘는 그 결정적인 순간에 아내 박용길이 없었다. 정신이 아찔해서 미친 듯이 뛰어다녔다. 한참 만에 찾고 보니 박용길은 배가 고픈 듯 38선에 걸치고 앉아 허겁지겁 도시락을 먹고 있었다. 문익환은 다급하게 소리쳤다.

"여기가 어딘데 밥을 먹어? 어서 가, 어서 가자고!"

마침내 남쪽 땅에 당도해 낙오자가 단 한 사람도 없는 것을 확인하는 순간 문익환은 너무도 감격했다. 피난민 수용소에서 미군들이 더러운 환자들을 취급하듯 몸에 DDT를 뿌렸지만 문익환은 그 하얀 분말을 축복처럼 팔을 벌리고 맞았다.

침묵과 고독 속에서

　문익환이 서울에 닿은 것은 1946년 8월이었다. 먼저 서울에 도착한 아버지 문재린은 동자동에 자리를 잡고 있었다. 그곳에는 은진 중학교에서 교직 생활을 같이했던 김재준 목사, 용정 중앙 교회에서 부목사로 데리고 있었던 정대위 박사, 또 언젠가 그 둘을 자신에게 부탁했던 송창근 박사가 근무하는 조선 신학교가 있었다. 동자동은 명동촌 사람들의 본거지가 되었다. 그곳에서 문재린은 많은 친구들을 만났지만 어려운 시절에 남의 도움을 바랄 수는 없었다.

　동자동에 정착한 문씨네 가족들은 살 방도를 찾아서 헤매야 했다. 돈은 금방 바닥이 났다. 용정에서 학병으로 끌려갔다가 팔로군으로 탈출할 때 문동환에게 도움을 받았던 친구가 쌀과 돈을 주었지만 그것도 오래가지 못했다. 아버지 문재린과 동생 문동환은 영어 실력을 가지고 미군 부대에 인부로 취직했다. 군용품을 꺼내 궤짝을 정리하고 마당을 청소하는 고된 막노동이었는데, 보기가 딱했던 송창근 박사가 경상도 김천에 있는 황금동 교회를 소개했다.

문익환은 서울에서 오래 머물지 못하고 곧장 아버지가 있는 경북 김천으로 내려갔다. 더 이상 걷기 어려울 만큼 만삭이었던 아내 박용길이 아이를 낳을 자리를 찾아야 했기 때문이었다. 문익환은 김천에서 배영 중학의 영어 교사로 취직을 하고, 박용길은 곧바로 몸을 풀어 장남 호근을 낳았다. 이렇게 해서 남쪽에서의 살림이 시작된 것이다.

그 시절 어디를 가나 마찬가지였지만, 김천도 정치 불안으로 사회가 끓는 가마솥처럼 부글거렸다. 그 어수선한 틈에서 문씨네 집안은 안정을 찾았다. 김천 황금동 교회는 비록 지방의 조그만 소도시에 있었지만 크고 권위가 있었다. 송창근 박사가 목회를 하고, 정대위 목사, 조선출 목사, 김정준 목사, 공덕귀 여사가 거쳐 가면서 북간도 명동만큼은 아니더라도 민족주의적 기독교의 거목을 배출하는 상징적인 교회가 되었다. 문재린 목사는 그곳에서 남쪽의 양 떼를 만나기 시작하면서 아직 교회의 울타리에 들어오지 못한 수많은 거리의 양 떼들에게 헌신하고자 했다. 그렇게 최소한의 거점이 마련되자 문익환은 동생과 함께 조선 신학교에 편입했다. 일본 신학교에서 징병을 피해 만주 봉천 신학교로 옮기느라 중단되었던 학업을 마치자는 것이었다.

조선 신학교는 강의 내용이 빈약했지만 교수와 학생 모두가 친숙한 얼굴로 가득 차 있었다. 조선 신학과 기독교 윤리와 구약 성서는 김재준 목사, 교회사는 한경직 목사, 목회학은 송창근 박사, 헬라어와 신약 성서는 정대위 목사가 가르쳤다. 학생들도 문동환의 은진 학교 동창인 강원용을 비롯하여 장준하, 이우정 등 동생의 친구들이 중심 그룹을 형성하여 낯설지 않았다. 더구나 문익환 형제는 은진 중학교 은사인 김재준 목사 집에서 잠을 자고 기숙사에서 밥을 먹으며 조직신학, 목회학, 교회사를 수강했다. 한 사람의 목회자에 불과한 아버지의 슬하에 너무나 많은 식솔들이 매달려 있었으므로 늘 학비가 모자라서 이 일 저 일 아르바이트를 하다 보면 수업을 빼먹는 일이 많았는데, 둘 중의 한 명은 반드시 강의를 들었다.

그러나 학교 생활이 행복한 것만은 아니었다. 평양에서 내려온 기독교계의 주류가 형편없는 보수주의로 기울어져 있었다. 일본의 강요에 의한 것이기는 했지만, 신사 참배를 하는 한편 복을 달라는 기도를 하던 사람들이 이번에는 이상한 원칙주의를 앞세워 교회의 분열을 심화시켰다. 그 발단은 4월 18일 대구 제일 교회에서 개최된 제33회 조선 예수교 장로회 총회에서 김재준 목사를 자유주의 신(新)신학자로 규정, 그의 사상에 이단성이 있다는 진정서가 조선신학교 학생 51인의 연명으로 제출된 데서 비롯되었다. 그 사건은 무엇보다도 문익환 형제를 분노케 했다.

당시 기독교의 주류가 가지고 있던 '성서'에 대한 시각은 심각한 수준이었다. "성경이란 책은 하나님이 부르고 사람이 그대로 쓴 것인데, 기계적인 영감에 의하여 쓴 것이기 때문에 하나님이 잘못 부를 리가 없고 사람이 잘못 들을 리가 없다. 그러므로 일점일획이라도 틀릴 수 없다." 이렇게 말하는 사람들에게 "기원과 원형과 원저자의 의도 등을 과학적 방법에 의하여 연구하는" 외국의 흐름을 소개하는 것은 아무 소용이 없었다. 국제적으로는 이미 성서 비판을 넘어 '재건'을 이야기하는 때에 한국 기독교만은 전혀 다른 고집을 피우고 있었던 것이다.

문제는 쉽지만 답은 복잡했다. 현실의 세력 관계를 고려하여 송창근 박사는 그 일을 정치적으로 수습하려고 했지만, 김재준 목사는 달랐다. 김재준 목사는 이제 성서의 문학적·역사적 비판이 필요하며, 세계 신학과 소통할 단계에 와 있다고 생각한 것이다. 따라서 자신의 신학적인 입장을 펼치는 글을 써서 정면 대결하고자 했다. 문동환이 그 일을 도왔다.

문익환의 고민도 깊어 갔다. 형제는 동대문에 있는 복음 교회 목사 지동식의 사택에서 이영헌, 박봉랑, 김관석, 전택부 등을 만나고 다시 장하구, 안병무 등과 합세해 신학 서적을 읽고 신앙 문제를 토론했다. 그곳에서 문동환은 교회가 한국 인구의 80퍼센트를 차지하는 농민들의 비참한 생활 속으로 들어가야 한다는 주장을 폈다.

"누군가 저기로 내려가야지 소망이 있을 거예요. 마치 예수가 낮은 구유에서 탄생하고 일생을 천민을 위해서 사신 것처럼."

저 낮은 곳으로 내려가려는 아우의 말을 들은 문익환은 크게 감동을 받고 무한한 갈채를 보냈다. 이러한 문동환의 깨달음은 문씨네 가계로서는 상당히 의미 있는 것이었다.

문씨 일가는 북쪽 사회주의 정권의 탄압으로 월남을 했지만 남쪽의 정치 현실에도 만족하지 못하고 있었다. 게다가 남쪽 기독교 사회에 대한 절망으로 인해 문재린 목사는 현실에 대해 침묵을 지키고 있었다.

대한민국이 수립된 이후의 정세는 아주 혼란하고, 이승만의 정치는 갈수록 실망을 주었다. 대표적인 예가 김구의 암살이었다. UN 총회가 단독 선거를 결정하자 김구는 영구 분단을 막기 위한 남북 협상을 시도하였다. 38선을 넘는 것이다. 그 무렵 남북 간의 교역이 행해질 만큼 38선은 아직 완전하게 폐쇄되어 있지 않았다. 북에서 오는 금괴와 고려인삼이 남의 고무신이라든가 미제 의약품 등과 교환되고 있었다.

1948년 8월 15일 남쪽에 대한민국 정부가 세워지고, 곧이어 9월 9일 북쪽에 조선 민주주의 인민 공화국이 수립되면서 남과 북은 양분되었다. 두 개의 정부가 동시에 존재하면서 남과 북 사이에는 전운이 감돌기 시작했다. 서울에서는 각종 반공 청년단이 활개를 치면서 요인 암살이 줄을 잇고, 평양에서는 남북 정당 · 사회단체 연석회의가 열리느라 38선이 소란했다. 북에서 기독교도들이 월남했듯이 이번에는 남에서 공산주의자들이 북으로 갔다. 남과 북에서 각각 '북진 통일!'과 '남반부 해방!'을 외치는 목소리도 커졌다. 군사적으로도 소규모의 분쟁이 줄을 이었다.

그런 와중에 미국 정부는 군사 고문단 5백 명만 남기고 주한 미군을 철수하겠다는 선언을 했는데, 이승만 정부는 '전쟁이 나면 점심은 평양에서 먹고 저녁은 신의주에서 먹는다'는 잠꼬대 같은 장담을 하고 있었다. 일부 기독교인들은 이승만에 대한 불신과 남침의 우려 속에서 자구책을 구하기에 여념이 없었다. 수많은 기독교 군중이 서울 운동장에서 대대적인 미군 철수 반대 시위를 연 것도 그 때문이었다. 기독교 동지들은 복음 동지회에 모여 정세 이야기로 밤을 새고 미래에 대한 걱정으로 잠을 설쳤다. 문익환도 그 흐름의 한가운데 있었다. 서른 살의 문익환은 반공 기독 청년의 모습을 하고 있었다. 월남을 하면서 삶과 죽음을 넘나드는 위기를 겪은 경험 때문에 사회주의에 대한 미움은 강렬하고 절대적이며 비타협적인 것이 되어 있었다.

1949년 여름, 문익환은 홀연히 미국 유학을 떠났다. 미국은 세계의 인종들이 다 모여 있는 혼혈 사회였고, 기독교의 진보적 흐름이 다양하게 형성되어 있었다. 그곳에서 신학을 하자! 그래서 김재준 목사의 뒤를 잇자! 이것이 문익환의 생각이었다.

'신 앞에 선 인간'을 탐구하는 지상의 수재들이 가고 싶은 대학, 프린스턴 신학교는 세계적으로 이름난 곳이었는데, 한국인으로서는 자유당 때 내무장관을 지낸 최인규가 첫 번째 유학생이고 문익환이 두 번째였다. 아시아 대륙에서 왔다는 사실을 신기하게 여길 뿐 한국이라는 나라가 어디에 붙어 있는지도 모르는 사람들 속에서 문익환은 전혀 위축되지 않았다. 이 세련된 동양의 신사는 오히려 유창한 고급 영어로 미국인을 놀라게 했다. 그러한 그에게 더욱 마음의 안정을 주는 사람이 있었다. 아버지 문재린 목사의 유학 시절 의형제를 맺었던 골든 스코빌이라는 목사였다. 그는 문익환에게 든든한 버팀목이 되어 주었고 문익환 형제가 유학을 왔을 때도 큰 힘이 되어 주었다.

그가 유학 생활을 하던 때는 중국 혁명의 성공으로 한반도가 건

잡을 수 없는 긴장 속에 놓여 있었다. 미국이 군사 고문단만 남기고 군대를 철수시킨 것은 1949년 6월, 최후의 군대가 인천을 떠난 것은 6월 29일이었다. 그로부터 38선은 이내 이데올로기 분쟁의 각축장이 되었다. 문익환은 통일을 열망했지만 그것은 미국식 민주주의와 종교의 자유가 보장되는 형식에 한해서였다. 까닭에 급보로 접한 6월 25일 소식은 그렇게 슬플 수가 없었다.

인민군이 서울에 들어온 것은 6월 28일. 전쟁 시작 사흘 만에 수도가 함락되고 거리에 피난 행렬이 줄을 잇자, 이승만은 자신은 도망치면서 한강대교를 폭파시켰다. 한국의 소식에 문익환은 공포를 느꼈다. 아버지가 용정에서 겪은 두 번의 죽을 고비는 그에게 공산당에 대한 경계심을 한껏 높여 주었다. 이번에 다시 공산당을 만난다면 아버지는 돌이킬 수 없는 위기에 처할 것이다. 아버지를 구해야 한다! 한시라도 빨리 돌아가야 한다! 그는 다급해졌다.

그의 예감은 허황된 것이 아니었다. 미처 피하지 못한 아버지의 동료들은 닥치는 대로 체포되어 행방불명되거나 납북당했다. 송창근 박사가 납북된 사실은 그런 불길함을 상징적으로 드러냈다. 그러나 길은 막혀 있었다. 문익환은 백방으로 알아보았지만 귀국할 길이 없었다. 그 답답한 여름 안개 속에서 문익환이 마침내 실낱같은 희망을 손에 쥔 것은 유엔이라는 국제기구를 통해서였다. 동경 유엔 사령부에서 사람을 뽑는다는 소식을 듣고 즉각 응모하였다.

동경 유엔 사령부에 들어가서 배치받은 부서로 가 보니 오천석 박사, 장이욱 박사 등 한국의 일류 명사들이 모여 있었다. 맥아더 사령부는 무슨 목적으로 이렇게 사람들을 모았을까?

"나중에야 안 일이지만, 미군이 인민군에게 몰려 한반도에서 철수한 다음 보복을 위해 재상륙할 때를 대비하기 위해서였어요. 전쟁에 패해 물러났다가 다시 상륙하려면, 재상륙하여 우리나라를 구해 달라는 정부 형태의 조직이 필요하지 않겠습니까? (……) 미국은 그러한 망명 정부를 사모아 섬에 세우려고 했다고 합니다."

— 정경모, 《이제 미국이 대답할 차례다》

그것이 망명 정부라는 사실을 문익환은 알지 못했다. 그 나이에 군대에 지원해서라도 오직 한국에 한 발이라도 가까이 가겠다는 일념뿐이었던 것이다.

문익환의 걱정대로 한국의 상황은 참담했다. 1950년 여름 몇 달 동안 북한군은 미군에게 잇따라 치욕적인 패배를 안기면서 무섭게 내려왔다. 이 같은 상황에서 문익환이 염려하던 대로 서울의 가족들은 위태롭기 그지없었다. 첫 굉음이 울린 곳은 서울에서 불과 몇 시간 거리도 되지 않는 의정부 북단이었다. 그날은 마침 비가 내리

는 일요일이었는데, 돈암동 신암 교회에서는 평소와 다르지 않게 신도들이 모여 주일 예배를 보았다. 전쟁이 별로 실감나지 않았는지 교인들은 오후 예배가 끝나도록 소란을 떠는 사람조차 없었다. 북이 선제 공격을 했다고는 하나 군사력에서 남이 훨씬 강하다고 생각했기 때문이었다.

그러나 어떻게 설명해도 그 전쟁은 미국과 소련의 주도로 이루어진 전쟁이었다. 식민지에서 해방된 지 5년도 채 되지 않은 아시아의 작은 나라. 살상 무기를 앞세워 공격과 방어를 주고받는 사람들은 똑같은 한민족이었지만, 밀어붙이는 탱크에는 USSR(소련)이 새겨져 있었고, 거기에 대응하는 기관총에는 USA(미국)가 새겨져 있었다. 그것은 단순히 무기에 새겨진 상표만이 아니라 전쟁이라는 폭력의 본적지의 표시였다. 전쟁의 의미는 바로 여기에 있었다. 한국 전쟁은 백악관과 크렘린에서 제각기 다른 세계를 꿈꾸는 두 진영이 하나의 지구를 극동에서부터 찢어 가기 시작한 최초의 생채기였다.

어쨌든 미 국무성 직속의 군사 고문단이 회식에서 마신 술을 깨지 않고 있을 때 철원 계곡을 통과한 인민군 주력 부대의 소련제 탱크 40여 대는 도도하게 남하했고, 문씨네 가족들은 그 안에 갇혔다. 북간도에서 월남하여 이제 갓 서울로 온 가족을 돌봐 줄 친척은 없었다. 가족들은 비상 회의를 열고 기도를 올린 다음 각자가 할 일을 의논했다. 가장 먼저 판단을 내린 사람은 어머니였는데, 어머니 김신묵은 딸 선희를 차남 문동환과 함께 서울을 빠져나가게 만들었다. 그리고 남은 가족은 일단 며느리 박용길의 친정으로 옮기도록 하고 운이동으로 인솔했다. 아버지, 어머니, 어린 남동생과 또 하나의 여동생, 그리고 박용길과 아들 딸…… 대가족이었다.

서울이 전쟁터로 바뀐 것은 그 이틀 후. 탱크 소리가 으르렁거리고 따발총 소리가 이빨을 부딪치며 남산에서 연거푸 인민군의 곡사포가 터지는 가운데, 가족들은 함께 앉아 이승만 대통령의 라디오 연설을 들었다. 눈앞에서 점령군들이 폭격을 퍼붓는 엄중한 상황 속에서 대통령은 놀랍게도 "국군이 북괴를 격퇴하고 있으니 국민은 안심하라"고 했던 것이다.

그날 밤 문재린 목사는 인민군이 교회와 목회자를 어떻게 취급할지 뻔히 알면서도 양 떼들을 버릴 수가 없다며 교회에 복귀했다. 그리고 태연히 목회 활동을 이어 갔다. 문익환이 불안해 하는 이유가 그 점에 있었다. 그때 아내 박용길 역시 아랑곳없이 여기저기 일을 보러 다녔는데, 어느 날은 친구 집 앞에서 인민군에게 붙들려 지프에 태워졌다. 인민군 장교가 신분을 확인하겠다고 나선 것이다. 시어머니는 대문을 박차고 들어오는 인민군 장교를 보고 소스라치게 놀랐다.

"당신의 아들은 어디에 있으며 무엇을 하는 사람인가?"

얼른 나서서 대답을 가로챈 것은 아버지였다.

"내 아들과 딸은 부산에 갔소."

물론 그것은 장남 익환이 아니라 동환과 선희를 지칭해서 하는 말이었다.

"그놈들은 서북 청년단이구먼."

인민군은 내무서(당시 경찰서)까지 동행할 것을 요구했다. 내무서에 가는 것은 곧 사지로 가는 것임을 누구보다도 잘 아는 터라 문재린 목사는 그 자리에서 말로 때우고자 시도했다.

"아무리 내무서에 가서 물어도 내 대답은 같을 거요. 내 아들이 서북 청년단인지 아닌지를 정말 알려면 이 동리 사람들한테 물어야지……. 만약 서북 청년단이라고 말하는 이가 단 한 사람만 나와도 내가 책임을 지리다."

인민군이 다시 물었다.

"성북 내무서에 아는 사람이 있소?"

"내무서장 문경춘이 아는 사람이오만."

사실 문경춘은 내무서장의 도장을 위조해서 협잡을 하다가 서대문 형무소에서 몇 달 고생한 사람인데, 출감 이후 공산당 행세를 한 덕에 인공 치하의 권력자가 된 사람이었다. 하지만 그를 안다는 말에 인민군은 더 이상 괴롭히지 않고 돌아가 버렸다.

그 일로 문재린 목사는 8월 중순을 위기의 시기로 보고 가족들을 경기도 광주군에 있는 시골 마을로 데리고 갔다. 그곳도 인민군의 점령지였기 때문에 아버지는 숨고 어머니가 식구를 먹여 살렸다. 미국과 부산과 광주로 흩어져 버린 가족들은 끼니를 채우지 못하고 굶기까지 했다. 어머니는 먹을 쌀이 떨어지면 옷가지들을 들고 나가서 양식으로 바꾸었다. 그리고 9월 20일이 되자 인민군은 후퇴했다. 그와 함께 남쪽의 기독교 인사들이 연행되었는데, 문재린 목사에게도 인민군 병사가 소집장을 가지고 왔으나 이미 피한 뒤였다. 그 인민군은 하루 종일 골목 어귀에 서서 문재린 목사가 나타나기를 기다렸다가 끝내 혼자 돌아갔다.

문익환이 '유엔 군속'이라는 이름의 미 국무성 직원이 된 것은 그 무렵이었다. 문익환이 근무하게 된 유엔 극동 사령부는 인류의 전쟁과 위기를 관리하는 본부와 같은 곳이어서, 지구촌이 어떻게 돌아가는지 한눈에 읽을 수 있었다. 문익환이 유엔 극동 사령부에서 전해 듣는 한국 이야기는 도무지 믿고 싶지 않은 것들뿐이었다. 서울은 미 공군의 폭격과 서울 탈환 작전 때의 양측 포격으로 시가지가 완전히 폐허가 되었다. 창경원을 넘는 고개에는 인민군들이 도망가면서 죽인 사람들의 시체가 덧쌓여 있다는 이야기, 돈암동 아리랑 고개에는 공산군에 붙들려 가는 사람들이 모습이 그렇게도 비참했다는 이야기들이 흘러넘쳤다. 어떻게든 가족들을 만나러 가자! 문익환은 도쿄에서 바로 코앞에 있는 한국에 들어갈 방도를 구했다.

바로 그 시절에 문익환은 정경모와 친하게 지냈다. 두 사람 다 처음에는 미국식 민주주의로 통일되기를 희망했었다. 그러나 근무한 지 얼마 안 되어 곧 환멸을 느끼기 시작했다. 전쟁이 나자 미국 대사관보다 먼저 뺑소니를 칠 만큼 부도덕한 정부에게 기대할 것이라고는 없었다. 문익환과 정경모의 독특한 우정은 그러한 공감을 배경으로 형성되었다.

두 사람은 감성이 풍부해서 전쟁에 어울리지 않는 낭만주의 기질을 발휘하면서 친분을 쌓아 갔다. 그러던 중에 그들에게 새로운 임무가 떨어짐으로써 두 사람은 생의 중대한 비밀 하나를 공유하게 되었다. 처음에 개성에서 진행되던 정전 회담이 1951년 7월부터 판문점에서 열렸다. 동경 유엔 사령부는 영어에 능통한 사람 둘을 선발하여 정전 회담의 통역원으로 보내기로 했는데 문익환과 정경모가 뽑혔던 것이다.

문익환이 판문점에 당도한 것은 1951년 늦가을이었다. 회담은 언제나 3자가 나서서 진행되었다. 한편에는 미국 측 대표, 맞은편에는 북한 측 대표와 중국 대표, 공용어는 영어였다. 미국 대표가 말을 건네면 미국 측 통역자(문익환과 정경모)는 우리말로, 또 중국 측 통역자는 중국어로 통역을 하고, 반대쪽에서 북한 대표가 뭐라고 하면 영어와 중국어 통역자들이 동시 중개를 하는 회담이었다. 남한 측 대표는 발언권이 없었는데, 그나마 한국어도 영어도 할 줄 모르는 일본군 출신 한국인이 파견되어 있었다. 그 좁은 회담장에서 가끔 터져 나오는 일본어가 남한 측 대표의 목소리라는 사실은 현실의 서글픔을 상징적으로 보여 주고 있었다.이러한 경험을 통해 문익환은 점점 한국의 운명에 주목했고 정경모는 국제 정치에 눈을 떠 갔다.

1951년 7월, 정전 회담이 처음 시작될 때의 분위기로는 10여 일 정도면 충분히 휴전이 될 것 같았다. 그러나 실제로 휴전 협정이 체결되기까지는 거의 2년이라는 시간이 소요되었다. 1950년 6월 25에 시작되어 3년 1개월 이틀 만인 1953년 7월 27일 휴전 협정 조인으로 막을 내린 전쟁은 2백만이 넘는 엄청난 사상자를 냈음에도 불구하고 '38선'을 '휴전선'으로 바꾸었을 뿐, 분단 상황을 고스란히 유지시켰다.

20세기란 바로 그렇게 구축된 세계였다. 제2차 대전 후 더욱 강해진 미국과 소련은 최고 권력의 자리를 놓고 경쟁하고 있었다. 그 둘의 긴장과 갈등을 일컬어 '냉전'이라고 부르는 것은 참으로 절묘한 은유에 속했다. 미국과 소련 간에 직접적인 전쟁은 없었다. 하지만 다른 나라들 사이에서 충돌이 있을 때마다 두 나라는 서로 적대하는 세력에 가담해서 싸움을 거들었다. 한반도가 특히 불행한 것은 그 두 진영을 가르는 전선이 국가와 국가의 경계에 그어진 게 아니라 하나의 국가 안에서, 그것도 36년간의 학대를 겨우 빠져나온, 그래서 국제 사회의 일원으로 나설 준비가 전혀 되어 있지 않은 가난한 나라의 허리에 그어졌다는 점이었다.

당시 유엔 극동 사령부는 미군들에게 한국말을 가르치는 '랭귀지 스쿨'을 운영하고 있었다. 그 한국어 학교에서 문익환은 교장이 되고 정경모는 교무 주임이 되었다. 문익환은 손수 우리말 교과서를 만들어 미군들에게 가르치면서 한글의 과학성과 아름다움을 재발견했다. 아울러 그 시절은 문익환의 생애에서 가장 안정되고 경제적으로 윤택한 생활이 보장되기도 했다.

사실 일본은 그때까지도 가난한 나라에 속했다. 한국 전쟁을 통해 별안간 급속한 성장을 하고는 있었지만 미국과 경제 수준의 차이가 커서 일반 직장인이 고급 승용차를 타고 출퇴근하는 것은 엄두도 낼 수 없었다. 그러나 문익환, 정경모 등은 비록 한국인 군속일지언정 유엔 극동 사령부의 일원이었고, 그곳에서 달러로 받는 월급이 상당했다. 특히 박용길의 형부가 당시 일본 대사관의 서기관이어서 두 가족이 함께 살았는데, 한 지붕 아래 미제 승용차를 두 대나 두고 있었다. 그리하여 월남과 피난과 전쟁 속에서 태어나 배고픈 유년기를 보내야 했던 자녀들에 대한 마음의 빚을 한 사람

에게만은 지지 않을 수 있었다. 바로 막내 문성근이 그런 윤택한
환경에서 태어났던 것이다.

히브리에서 한국으로

전쟁이 끝났을 때 문익환은 너무나 많은 것을 빼앗긴 기분이 되었다. 문익환은 판문점의 기억을 안고 미국으로 돌아가서 4년 전과는 전혀 다른 세계를 보아야 했다. 프린스턴의 아름다움, 그 한없는 평화는 분노가 느껴질 만큼 눈부셨다. 길가에 늘어선 나무들과 마을을 따라 보기 좋게 정렬된 풍경들, 그 속에서 신의 축복을 노래하고 공부하는 것은 전혀 이상한 일이 아닐 것이다. 넓은 캠퍼스의 한가운데 자리한 아담한 본관과 그 맞은편에 있는 기숙사, 그리고 그 뒤편의 2층 건물은 모두 50～60개의 방들을 가지고 있었는데, 마치 그림과 같아서 그 어디에도 굶주림과 폭격과 피난의 지

겨운 상처들이 들어설 자리는 없었다. 부자 나라, 부자 신학교의 모습이란 그런 것인가.

문익환은 이전의 동료들이 강물처럼 흘러가 버린 자리에 끼어들면서 한없는 비애를 느꼈다. 정녕 화가 나는 것은 그곳의 사람들이 한국이 어떤 나라이며 어디에 있는지조차 모른다는 것인데, 어쩌다 겨우 아는 사람을 만나도 한국 전쟁 때문에 생긴 안 좋은 이미지와 편견을 가지고 있어서 대화가 통하지 않았다.

그때 문익환에게 형성된 내면의 공황을 극복할 수 있게 도와준 것은 가족이었다. 전쟁 중에 유학을 떠나온 아우 문동환이 마침 프린스턴 신학교에서 공부하고 있었다. 두 사람 사이에는 남들은 알 수 없는, 오직 사랑 속에 감추어진 한없이 고요한 경쟁이 있었다. 형은 언제나 동생을 진심으로 이해하고 사랑했지만, 동생의 입장에서는 불가피하게 형의 그늘에 가려지지 않기 위하여 스스로의 영토를 개척하고 도전해야만 했다.

형제는 교회도 같이 나가고 산책도 같이하며 영화관에도 함께 다녔다. 그들의 우애는 누가 봐도 한눈에 드러날 만큼 두드러져서 주위 사람들은 교회에서 예배 순서에 같이 참여할 수 있도록 배려해 주었다. 형이 성서 봉독을 하면 동생이 기도를 하고, 동생이 성서 봉독을 하면 형이 기도를 하는 경우가 많았다. 한번은 크리스마스 노래들을 이중창으로 불러서 그 녹음판을 서울 집에 보낸 적도 있었다.

하지만 그 시절, 문익환을 지치게 하는 것은 공부만은 아니었다. 성장기의 영양 결핍으로 생겨난 폐결핵의 후유증과, 어려서부터 이어온 만년 두통, 이명의 고통으로 인해 그는 학문의 길을 갈 엄두를 내지 못했다. 인생의 목표물은 먼 곳에 있고 건강은 받쳐 주지 않았다. 그는 언젠가 일본 유학길에서 그랬던 것처럼 끊임없이 어린 시절이 그리웠고, 미국 사회의 안정 속에서 방황했으며, 자신의 고향으로 돌아가고 싶어 했다. 석사를 마치고 박사를 받아야 할 순간에 신체의 에너지는 고갈되고 마음은 길을 잃자 1955년 봄, 그는 홀연히 미국 생활을 청산했다.

문익환이 귀국했을 때 그의 아버지는 을지로에서 목회를 하고 있었는데, 그 무렵 한국의 기독교는 참혹하게 변질되어 있었다. 막대하게 쏟아진 서방의 구호물자는 교회의 자립정신을 빼앗고, 교인들로 하여금 남을 도우려는 마음보다 받으려는 생각만 하게 했다. 또 전쟁으로 가정이 파괴되고 인명이 훼손당한 상황에서 사람들은 하나같이 예수의 이름으로 병도 고치고 복도 받자는 기복 신앙에 사로잡혀 깨어날 줄 몰랐다. 게다가 북측 정권의 탄압을 피해 대거 내려온 북한 기독교 세력들이 이승만 정권과 손잡고 반공은 열심히 외치되, 다른 사회 문제에는 철저하게 무관심했다. 이러한 시기에 오직 양 떼들만을 위하여 살아온 아버지에게 문익환은 진심으로 감사하게 생각했다.

그리스도의 길을 잃은 한국의 기독교에 문익환은 도전적인 태도를 가졌지만, 그의 도전성은 천부적인 부드러움 때문에 겉으로 드러나지 않았다. 하지만 그의 열정은 과잉되어 때로 전혀 다른 모습으로 비쳐지기도 했다. 그것이 두드러지게 드러난 것은 한국 신학대학에 근무하면서였다. 보호 본능을 자극하면서도, 근대적이고 신세대적이며 낭만적인, 그리하여 전쟁을 겪고 오직 황폐한 것들만 체험해 온 젊은이들에게 인기 있을 여건을 모두 갖춘 그였지만, 학교에 나가자 금방 매력 없는 별명을 얻고 말았다. 사관생도처럼 찬바람을 일으키며 다닌다고 해서, '문익환!' 이 신경질적으로 문이 닫히는 소리 '문이 쾅!' 이 되어버린 것이다.

그의 원칙주의는 학생들에게 일체의 요행 심리를 허용하지 않았다. 바늘로 찔러도 피 한 방울 나지 않을 것 같은 이미지가 그의 것이 되었다. 학사과장을 맡았을 때는 납부금을 하루만 늦게 내도 등록을 안 시켰으며, 구약이나 히브리어 과목 때문에 낙제시키는 경우도 비일비재했다. 문익환이 가르치는 구약과 히브리어 그리고 작문에서 '베리 굿' 을 받기는 굉장히 어려웠다. 특히 그의 히브리어 수업은 매우 엄격해서 많은 학생들이 탈락하고, 또 그로 인해 히브리어 수업을 기피하는 현상까지 생겼다. 그 독특하고 별난 수업 방식은 열심히 하는 학생과 그렇지 않은 학생의 반응이 너무나 달랐다. 그는 전통적인 문법의 악센트 체계에 따라 리듬을 맞춘 읽기 연습을 강조했다. 한 자 한 자 더듬거리며 읽는 것은 질색이어서 호되게 나무랐다.

서울의 어디에도 그 귀공자 같은 미소가 어울리는 곳은 없었다. 미국 사람들이 보낸 헌 구호물자 양복 따위를 입고 전쟁이 남긴 가건물에서 집단적 열등감과 허무감에 시달리고 있는 것은 신앙의 세계라고 해서 예외가 아니었다. '예장(예수교 장로회)'과 '기장(기독교 장로회)'이 나뉘고, '자유'와 '보수'가 갈등하며, 침례교, 성결교 등이 출현했다. 예언자들의 세계에 빠져서 왕성한 집필 활동을 전개했다. 1956년부터 1960년에 이르기까지 매월 한 편 이상의 글을 써서 발표한 것은 엄청난 열정이었다.

그는 목회 생활을 비롯하여 여타 기독교 활동에 사방팔방으로 앞장섰다. 그럼에도 무엇이든 제대로 되지 않은 것을 못 견디는 성격 때문에 제자들은 자주 문익환 교수에게 불평했고, 때로는 항의를 하러 찾아가기도 했다.

문익환은 고집이 셌다. 신학도란 자신만이 아니라 남들을 챙겨주어야 하는 사람들인데, 자신에게 철저하지 못하고서 무슨 일을 하느냐는 깎아지른 듯한 지론을 그는 무려 10년 이상 포기하지 않았다. 그리고 한발 더 나아가 그는 교회 일에도 자신의 열정을 바쳤는데, 그것이 바로 저 유명한 한빛 교회였다.

아버지 문재린 목사는 전쟁이 끝나자 강원도 일대를 순회하면서 교회를 신설하는 일에 전력을 퍼부었다. 강원도는 함경도에 접경한 지역으로 피난민도 많고, 또 캐나다 선교부가 관심을 가져야 할 지역이어서 선교부의 후원으로 여러 교회를 설립하였다. 그 와중에 경동 교회에서 독립한 교회가 중앙 교회였고, 중앙 교회가 이름을 바꾼 것이 한빛 교회였다. 문익환은 그 한빛 교회의 목사가 되었다. 그러면서 전후의 한국 기독교를 짊어진 동료들과의 관계에서도 그는 지치지 않고 새로운 에너지를 불어넣었다.

특히 복음 동지회로 돌아온 문익환의 활약은 한국 구약학의 부흥기를 만들었다. 그는 훗날 자신이 민주주의 운동에 선뜻 나서지 못했던 이유로 이곳에서 맡은 성서 번역을 들고는 했다. 그만큼 복음 동지회의 첫 순간부터 그는 호기심에 가득 찬 실험 정신이 발동하는 소년의 눈을 하고 열정적으로 달려들었다. 게다가 구약을 가장 제대로 번역할 수 있는 사람이기까지 했으니 그는 곧장 서울 기독교계의 중심부에 들어설 수 있었다. 그리고 그 속에서 그의 신학은 아주 특별한 주목을 끌었다.

성서 읽기를 다시 하는 문익환의 학문 세계는 자유롭고 유연했다. 1956년 한신대 개학 강연에서 설파한 〈예언자와 역사〉는 당시 문익환의 의식 세계를 잘 보여준다.

예언자들의 역사관은 정지된 것이 아니고 앞으로 움직여 나가는 것이었다. 그들은 현재에 배태되어 있는 미래를 보았던 것이다. 현재에는 불원에 드러날 미래가 감추어져 있었던 것이다. 그들은 선견자적인 깊은 통찰력을 가지고 현재가 불가피하게 초래할 미래를 과거의 일처럼 말할 수 있었던 것이다. 그래서 그들은 미래의 일을 말하는 문장에 완료형(마침법)을 썼다. 이것이 소위 '예언적 완료형'이다. 그들은 앞으로 생길 일을 이미 된 일처럼 확실하게 말할 수 있었다. 그들이 예언자라고 불려지게 된 까닭이 여기 있다.

문익환이 말하는 예언자는 '선견지명을 말하는 사람'이 아니었다. 예언자에게 말보다 더 중요한 것은 몸짓이요 몸부림이었다. 다가올 미래를 위하여 현실을 가로막는 장애물과 맞서 싸우는 저항의 몸부림이 생략된 말은 공허한 울림일 뿐이었다. 그래서 〈히브리서〉 11장 1절의 "믿음은 바라는 것들의 실상이요, 보지 못하는 것들의 증거이니"라는 말씀대로 그는 '꿈'이라는 낱말로 자신이 믿는 예언자적 태도를 매우 현실적인 것으로 만들어 갔다.

사실 꿈이란 갖고 싶은 것을 갖지 못한 자의 바람에 불과할 수도 있다. 그러나 문익환은 달랐다. 그는 현실의 한계를 극복할 때 자신이 확보한 존재의 크기에서 꿈을 채워 갔다. 문익환에게 '역사'와 '꿈'과 '부활'이 동음이의어가 되어 버리는 이유가 여기에 있었다. 남들이 "과거는 현재를 거쳐 미래로 흐른다!"고 생각할 때 문익환은 "역사는 꿈을 통해 부활에 이른다!"고 생각하고 있었다.

문제는 이 모든 일이 아직 연구실에서만 이루어질 뿐, 실제 현장에서는 유보된다는 점이 마흔 살 문익환의 한계였다. 밥 먹고 출근하고 비슷한 이웃들과 어울리는 자리에서 그는 한낱 대학 교수에 지나지 않았다. 그러다가 어느 순간 그 같은 나태와 안일에 찬물을 끼얹는 사건이 발생했다. 4·19였다.

당시 기독교 장로회의 신학자들에게 4·19만큼 강력한 충격을 준 사건은 없었을 것이다. 김재준 목사는 즉각 한국 기독교의 회개를 외치기 시작했고, 깨어 있는 목회자들은 새삼 현실에 다시 눈뜨는 흥분과 참회를 체험했다. 그러나 누구도 문익환만큼 놀라지는 않았다. 한빛 교회 청년 김창필이 그에게 유서를 남기고 시위에 참가했다가 죽은 것이다. 문익환은 깊은 밤중에 철퇴를 맞은 사람처럼 아찔하게 어둠 속에서 깨어났다. 그리하여 1960년 늦은 봄에 곧바로 〈4월 혁명의 느낌 몇 토막〉이라는 에세이를 썼는데, 이 글에서 그는 '기독교 중독증'이라는 표현을 쓴다. 죄에 대한 불감증과 '움직여야 할 때 움직이지 않는' 증상을 드러내는 병. 종교의 그늘 아래서 인간성이 죽은 대다수 기독교도들이 은총을 남용하는 것을 비판한 것이다. 그러면서 제시한 것이, 독일 나치스에 대항하는 저항 운동에 가담해서 싸우다가 사형당한 젊은 목사 본회퍼의 기독교였다. 문익환은 투박한 생활 언어로 외쳤다. 한국의 기독교는 다시 태어나야 한다! 4·19가 기회를 주었다. 변하자!

하지만 학생들의 피로 얻어 낸 민주화의 빛은 너무나도 빨리 사그라지고 말았다. 이승만 정권이 물러가고 야당인 민주당이 새 정부를 구성하고 장면 총리가 내각의 수반으로 섰다. 하지만 장면은 미국 대사관이나 서울 주재 CIA 책임자와 상의하지 않고는 중요한 조치를 취하지 못하는 유약한 지도자였다. 나라 살림은 멋대로 돌아갔고 가두시위가 일어나지 않는 날이 없었다. 민주화는 혼란만을 가져온 것 같았다. 그 변화의 흐름에 맞추어 기독교계에도 변화의 기회가 찾아왔으나 그 찬란한 시기 역시 너무나 빨리 허망하게 지나고 말았다.

마흔다섯 살의 문익환은 호화찬란한 엘리트 코스를 밟고도 세상과 친하게 어울릴 수 없었다. 그리고 그 불편함은 가뜩이나 나약한 신체에 기록되어 오래오래 그를 괴롭혔다. 그는 너무도 병약했다. 한번은 보다 못한 제자가 보약을 지어 왔는데, 한약마저도 문익환과는 불화를 일으켰다. 약을 달여 먹자 온몸이 신열에 들떠 사시나무 떨듯 떨면서 팔다리가 뜻대로 움직이지 않았다. 병원으로 실려 가서 갖은 노력 끝에 겨우 진정되었지만 오른쪽 귀만은 데려오지 못했다. 한쪽 귀가 먹은 것이다.

오직 가족이 단란하다는 사실만이 그에게 위안이 되었다. 문익환은 자녀들의 향학열을 부추기고 각자의 소질을 계발토록 보살폈다. 명동촌을 지키는 마지막 집안이라는 가족주의는 장남 문익환에게 부과된 남모르는 짐이었다. 분단과 전쟁을 겪으면서 대부분의 명문 집안이 파괴되어 버린 후에도 그의 집안은 거의 파괴되지 않고 보존된 보기 드문 사례에 속한다.

문재린 목사와 김신묵 권사의 정착, 자녀들의 눈부신 성장, 아우 문동환의 귀국. 이로써 오랜 떠돌이 가족이 정상화되자 집안 곳곳에서 역동적인 힘들이 넘치기 시작했다. 문선희가 미국과 캐나다 유학에서 돌아오면서 피아노를 가져 왔고, 이 피아노는 다시 문익환의 자녀들에게 훌륭한 음악 교사가 되었다. 그 아래 문영환은 연세대 영문과를 다녔는데 연극반을 하면서 개교 기념회 때마다 촌극 상을 제패했다. 이후 한양대 연극영화과에 학사 편입해서 최불암 등과 함께 제1회 졸업생이 되었다. 막내 여동생 문은희는 경기여고를 졸업하고 세브란스 의과를 다녔는데, 주로 교회에서 문익환의 설교를 모니터링하는 역을 맡았다.

텃밭이 좋으면 작물은 절로 익는 법이다. 아이들에게, 최고의 지성을 갖춘 할아버지와 할머니, 작은아버지 둘에 고모가 둘인 경우보다 더 좋은 환경은 없을 것이다. 게다가 이모까지 넷이나 되었다. 그 같은 환경에서 호근은 온 집안을 들썩이게 하는 장남으로 자라났다. 1·4후퇴로 피난을 가면서 목사와 국회의원들이 인천의 한 교회 앞에서 모이기로 했을 때 문재린 목사가 통솔을 맡느라 정신없는 상황에서 문호근을 빠뜨린 채 떠나 버린 일이 있었다. 배에 타면서야 어린 문호근이 없다는 사실을 알고 부랴부랴 돌아가 보니 침착하게 서서 한다는 말이, 제자리를 지키고 있어야 할아버지가 찾으러 올 수 있을 것 같았다 했다. 두 번 들은 노래는 따로 배우지 않고도 그냥 부를 줄 알았고, 아버지가 미국에 있는 동안 동생들을 지켜 내는 어른스러움도 있었다. 학교에 다닐 때도 한번은 머리에 붕대를 감고 와서 한다는 말이, 놀다가 머리를 다쳐서 혼자 병원에 가서 꿰매고 오느라고 늦었다고 설명하더란다.

문호근의 불같은 열정은 경기 고등학교를 마치고 서울 대학교 음대에 들어간 후 연극 분야로 타올라, 한번은 납부금을 타다가 연극을 한다고 몽땅 무대 올리는 데 써 버리기도 했다. 끝까지 원칙을 강조하는 아버지와 자신의 생각을 조금도 양보하지 않는 아들의 갈등은 가족에 대해 각별한 애정을 가진 문동환이라는 교육적 완충 지대에서 이해의 폭이 넓어지고 여과되어서야 해결되었다.

문씨네 가계는 이렇게 실로 3대에 이르는 십 수 명의 거물들이 한 지붕 아래서 순전히 토의와 자율로 운영되는 결사체가 되었다. 이것은 이후 문씨 일가와 다른 가족을 가르는 가장 큰 차이점이 되었다. 가족들은 매일같이 식탁에 앉아 심포지엄을 방불케 하는 토론을 벌였다. 가족들이 모여 앉은 밥상머리에서는 많은 주제들이 토론에 붙여졌지만 특히 '우리말 바로쓰기' 문제처럼 빈번히 오르내리는 주제는 없었다. 만약 "태초에 하나님의 말씀이 있었다"는 말이 등장하면 문익환은 '태초에'를 '한 처음에'로, '하나님'을 '하느님'으로 써야 한다고 강조했다. 자신이 장차 부딪칠 성서 번역의 문제를 미리 가족들과 토론한 셈인데, 한글에 대한 이야기가 나올 경우 문익환의 열정은 학교가 따로 없을 지경이 되었다. 막내 여동생 문은희는 가끔 친구들이 와서 보고 나이 든 오빠와 친구처럼 마주 앉아 토론을 하는 것이 너무나 부럽다고 말했다고 한다.

아버지와 장남의 격정적인 개성에 비추어 남은 동생들의 생활은 한없이 평화롭고 고요하기만 했다. 그러나 문영금은 1967년 연세대학교 물리학과 차석 합격자였으며, 문의근은 이듬해 서강 대학교 상경대학에 수석 합격을 했다. 착하고 예쁘고 공부 잘하고 어떤 분야에 특별한 재능을 가지고 있더라도 문씨네 집에서는 왕자병이나 공주병에 빠질 수 없었다. 특정 개인이 가족이나 친척들로부터 특별한 주목과 배려를 받기에는 한 지붕 아래 거장의 숫자가 너무 많았던 것이다.

그래서 방치되었던 사람이 막내 문성근이었다. 형이나 누나들이 모두 두 살 터울인 데 반해 자신은 세 살 터울이요(그 때문에 사 남매 중 세 명이 대학생일 때 자신만 중학생이었다), 사춘기를 겪든, 대학의 학

과 선택으로 고민을 하든, 집안에서 활발하게 토론되는 것은 모두 누나와 형의 일이었다. 자연히 그는 집안의 토론 문화에서 한 발 밀려난 채 동네 아이들을 이끌고 놀아야 했다. 서울 시내와 교통이 두절되다시피 한 수유리 산 속, 한국 신학 대학 캠퍼스 사택은 그가 아이들과 만들어 낸 하나의 동화 같은 세계였다. 수유리 공동체는 유구했고 그 속에서 문익환은 훌쩍 50세의 나이를 넘겼다.

그 평화로운 시간들이 그 이후의 삶에 비추어 볼 때 태풍 전야의 고요였다는 사실을 그때는 아무도 짐작하지 못했다. 그는 겉으로는 누가 봐도 가정사에 충실한 소시민이었고, 속을 아는 사람들도 다들 구도자처럼 경건하다고만 생각했다. 더구나 그 스스로도 오래전부터 성서 번역에 꿈을 두고 있었다. 여태까지의 교회 역사에서 많은 개혁자들이 성서를 연구하면서 개혁의 기치를 닦았던 것처럼 문익환도 한국 기독교 사회에 대한 기여를 성서 번역에서 찾으려 했다. 그리고 마침내 그러한 기회는 왔다.

1968년 신·구교가 함께하는 성서 공동 번역의 책임 위원으로 문익환이 위촉되었다. 공식 직함은 '대한 성서공회 신·구약 공동 번역 위원장.' 신학자로서 당대 최고의 영광에 속했다. 문익환은 자신이 이 중차대한 일에 부름 받은 것을 "영광이라기보다는 이루 다 말로 할 수 없는 축복이요 즐거움"이라고 말한다.

그리고 그 일을 통해 세 가지 측면에서 '여리고 성'이 무너지는 경험을 했다고 한다. 첫째, 신교와 구교의 벽이 허물어지는 경험, 둘째, 신학적인 편견이 걷히는 경험, 셋째, 히브리인들과 한국인들 사이의 벽을 허물고, 교회와 사회를 갈라놓는 말의 담을 허무는 경험. 이 같은 경험이 어떠한 폭풍을 예비하는지는 그 자신도 알 수 없었다.

두드려라, 부서질 것이다

1968년, 나이 51세. 성서 공동 번역의 책임 위원이 되는 순간 문익환은 정확히 생의 반환점에 서 있었다. 그는 어느 날 종로 2가 대한성서공회로 출근하면서 자신이 비로소 한글 성서 번역에서 명 실상부한 정상에 도달한 것을 확인했다. 한 나라의 성서 번역이 갖는 중차대한 의의는 기독교의 역사가 증명하는 바였다. 기독교가 성장해서 로마의 국교가 될 때부터 하느님의 말씀으로서 성서의 권위는 아무리 강조해도 모자라지 않았다. 그리고 그것은 곧 성서를 해석하는 사람의 권위를 반영했다. 성서는 일단 그것을 읽을 수 있는 사람들에게 주어지는 것, 성서를 읽고 해석할 수 있는 사람은 교회에서 지도자 역할을 했다. 이렇게 해서 성서 해석자들의 권위는 점차 성서보다 우월하거나 성서만큼 신빙성 있는 것이 되었다. 그 불합리한 권위 체계를 파괴하는 자리에서 루터의 종교 개혁이 일어난다.

루터는 일반 민중은 읽을 수 없는 라틴어 성경 때문에 늘 누군가의 해석에 의존하고, 그 해석자의 권위에 눌려 있던 사람들에게 성서를 돌려준 사람이었다. 한 젊은 신학자는 이를 일컬어 "루터의 성서 번역은 다른 어떤 신학적 주장보다 훨씬 더 그를 빛나게 한다"고 말한다. 똑같은 해석이 문익환에게도 가능할 것이다. 문익환은 번역가로서 성서의 내용을 가능한 한 한국적 표현으로 옮기려했다. 그가 가톨릭 측 번역자인 선종완 신부와 상의하여 내세운 원칙은 "한국인 전체가 읽을 수 있는 번역" 그리고 "한국인의 생각을 무리 없이 움직여 생의 궤도를 바꿀 수 있는 번역"이었다. 이는 교회 안에서만 통하는 번역이 아니라 교회 바깥에서도 통하는 번역을 의미했다. 구교의 장벽 안에서만 통하는 말이나 신교의 울타리를 넘어서지 못하는 말은 아낌없이 버리기로 했다. 더군다나 신학자들만 아는 말은 금물 중의 금물이었다. 서양식 사고에 젖어 번역투의 말을 쓰면서, 순우리말은 토씨 정도요 중요한 말은 다 한자어로 쓰는 지식인들의 말이 아니라 우리나라 서민 대중이 쓰는 말로 번역하기로 한 것이다.

성서 번역에 돌입하자 문익환은 곧 자신감이 솟았다. 나날이 축복과 감사의 기쁨이 넘쳤다. 이제 그는 모든 판단에 거침이 없어진다. 자기의 능력을 오로지 한 방향으로만 투입하는 사람이 가장 강한 법이다. 단 하나의 믿음에 몰두하는 것처럼 꺾기 어려운 힘은 없다. 문익환은 그런 모범적인 편집증 환자의 한 사람이었다.

그는 문학 작품 중의 문학 작품이라 일컫는 구약 성서를 훌륭한 작품으로 번역하기 위해 시에도 깊은 관심을 가졌다. 번역을 하다가 시를 섬기게 되었다고 말할 정도였다. 김현승을 존경하고, 박목월을 흠모하며, 황금찬과 어울리노라! 당시 문익환의 '섬김'을 받아 보지 못한 문인은 없다시피 했다. 세련된 교양과 가없는 선량함, 구도자적 수양으로 다져진 최상급 지식인이 저잣거리에 나가시인들의 꽁무니를 따라다니며 문학 청년 기질을 발휘한 것이 그의 삶에 미친 영향은 컸다. 감상적인 성향의 시인 지망생이 하룻밤 새 정력적이고 능숙한 시인으로, 피로에 지친 병자가 사람의 마음을 사로잡는 건강한 정열가로 변해 가고 있었다.

한국이 군사 독재의 강압 속에서 근대화의 길에 접어들어서 거의 밑바닥에서부터 성장해 올라오는 과정은 결코 순조롭지 않았다. 박정희는 쿠데타 이후 자신의 정통성을 경제적 근대화로 대체하기 위해 어떠한 악역도 피하지 않았다. 한일 국교 정상화를 서둘러 일본으로부터 3억 달러의 무상 원조와 2억 달러의 차관을 받았으며, 민간 기업들로부터 한국 수출 총액의 1.5배에 달하는 투자를 받아냈다. 또한 미국이 벌이고 있는 베트남 전쟁에 참전하여 1973년 철수할 때까지 30만여 명의 장병을 파견시켰다. 그 대가로 수많은 계약을 따냄에 따라 베트남은 한국 기업들의 개척지가 되어 한국 강철 수출 총량의 49퍼센트와 수송 장비 수출의 52퍼센트를 흡수하였다. 일본이 한국에서 했던 것처럼, 한국도 베트남에서 전쟁을 틈타 돈을 버는 것이다.

경우는 다르지만 모험의 길을 가기는 북한도 마찬가지였다. 구(舊)식민지 지위에서 정치적 독립을 획득한 후에 경제적·군사적 자립을 열망하는 대부분의 신생 후진국들이 갖는 최고의 관심사는 과연 약소국이 미국의 지배권 밖에서 정치·경제·군사적으로 독자의 길을 가는 것이 가능한가 하는 점인데, 당시의 북한은 그것을 실증하는 살아 있는 견본의 하나였다.

그러나 이제 막 자본주의적 성공의 가능성을 엿보기 시작한 남한도, 주체적 사회주의의 길이 가능하다고 판단한 북한도 냉전 체제의 굴레에서 자유로울 수는 없었다. 그 같은 현실을 문익환은 알고 있었지만 침묵했다. 그 점은 동생 문동환과 대비되었다. 그 무렵 한국의 교회들은 박정희 독재에 저항하는 주된 성지가 되어 있었다. 하늘을 나는 새도 떨어뜨린다는 중앙정보부는 대학교 정문

쯤이야 눈 하나 까딱하지 않고 부술 수 있었지만, 교회를 무너뜨리는 일은 할 수 없었다. 외중에 라틴 아메리카의 해방 신학이 건너왔으며, 기독교인들이 운영하는 도시산업 선교회가 맹활약을 펼쳤다. 그러던 어느 날 놀라운 뉴스가 들려온다. 청계천 평화 시장에서 한 노동자가 분신을 한 것이다.

온 나라가 놀라움에 빠지고 말았다. 1960년대의 한국 노동 시장은 외국 자본가들에게는 천국이었다. 한국의 노동자들은 미국 임금의 10분의 1을 받지만 2.5배의 생산성을 올렸다. 한국으로 이전하는 미국 기업은 당연히 25배의 노동 비용 절감을 누릴 수 있었다. 당시 박정희 대통령은 저곡가 정책으로 농촌 경제를 죽이고, 가난한 농민의 자녀들을 노동자 대열로 끌어들이는 정책을 폈다.

농촌에서 서울로 올라온 10대의 여성들은 부모를 위해 약간의 돈만 벌 수 있다면 방적, 편물, 재봉, 신발, 전자기기의 단순 조립, 식품 가공 혹은 강철판으로 너트와 볼트를 찍어내는 일을 하는 회사에 취직하여 불평 없이 근무함으로써 국제적으로 경쟁력 있는 값싼 노동력을 유지시켰다. 그러한 노동자들이 밀집한 청계천의 평화 시장은 특히나 직장 환경이 열악하여 거대한 닭장을 연상시켰다. 그곳에서 일하는 여직공들의 하루 임금은 다방의 커피 한 잔 값에 해당했다. 한 노동자의 죽음은 그 속에서 터져 나온 부활의 외침이었다. 《한국일보》는 1970년 11월 14일자로, "분신자살을 기도한 전태일 씨(23)가 메디컬 센터를 거쳐 성모 병원으로 옮겼으나 이날 밤 10시께 끝내 숨졌다"고 보도한다.

이 사실은 한창 성서 번역에 몰두해 있던 문익환에게 커다란 충격을 주었다. 전태일이 '근로 기준법'을 안고 불타 버린 사건은 문익환의 감수성을 한없이 자극하였다. 부활을 관념으로만 이해한 보수 교단의 율법주의와 갈등해 온 문익환과 그 동료들의 눈에 전태일의 죽음은 신학적 기초를 바꿀 만큼 의미 있는 사실로 받아들여졌다.

과연 전태일의 죽음은 엄청난 에너지로 되살아나고 있었다. 죽은 지 사흘째 되던 날, 서울 대학교 법과 대학에서는 학생들이 모임을 갖고 전태일의 시체를 인수하여 서울 법대 학생장으로 장례식을 거행하겠다고 주장하였다. 서울 대학교 상과 대학생들은 무기한 단식 투쟁에 돌입했으며, 11월 20일에는 서울 대학교 법과 대학생, 문리과 대학생 100여 명, 이화 여자 대학생이 '추도식'을 갖고, 기업주 · 어영노총 · 지식인 · 사회인을 고발하는 항의 시위에 나섰다. 연세 대학생, 고려 대학생 들도 항의 집회를 열고 '국민 권리 선언문'을 채택하였다. 이내 서울 대학교에 무기한 휴교령이 떨어졌으며, 야당까지 나서서 노동 정책에 항의하는 성명서를 발표했다. 교회 학생부에서도 금식(禁食) 기도회가 열리고, 여기저기에서 성토대회를 열었으며, 교인들도 신 · 구교 합동으로 추도 예

배를 가졌다. 그 밖에도 사회 여론의 움직임 속에, 신문과 잡지의 보도와 논설 속에, 정치인들의 구호와 선전 속에, 종교인들의 참회와 기도 속에, 그리고 노동자들과 학생들의 부르짖음과 가슴속에, 쉴 새 없이 전태일의 이름이 떠올려졌다.

문익환은 이때 자신이 진정으로 섬겨야 할 것이 무엇인지를 보았다. 전태일이 남긴 가장 큰 유산은 그가 죽기 직전에 결성된 청계 피복 노조였다. 전태일의 어머니 이소선은 아들이 목숨을 바쳐서 남긴 청계 피복 노조를 지켜야 했으나 삼엄한 감시와 탄압 때문에 숨조차 제대로 쉴 수 없는 형편이었다. 그때 구원자가 나타났다.

문익환은 이틀이나 사흘 걸러 한 번씩 청계 피복 노조를 방문하여 밥을 사 먹이거나 뜨거운 격려의 말을 해 주고 갔다. 밑바닥 사람들을 섬기기 위한, 문익환의 실천은 그렇게 시작되었다. 그는 이제 노동자들을 찾아다니기 시작한다. 가난과 질병과 무교육의 굴레에 묶여 버림받은, 저임금으로 혹사당하며 먼지 구덩이 질병 속에서 햇빛 한 번 못 보고 열여섯 시간을 노동해야 하는 어린 여공들의 '인간으로서의 최소한의 요구' 속에 들어 있는 그리스도를 만나러 가는 것이다.

그런 의미에서 1973년 6월 1일은 중요한 날이다. 그날은 그의 생일이자 시집인 《새삼스런 하루》의 발행일이었다. 그는 자신에게 '늦봄'이라는 새 이름을 지어 주고, 이날 다시 태어나고자 기도했다. 신학자로서 그는 이제까지 '말씀의 수용자'였을 뿐이었다. 하느님의 말씀, 그것을 전하는 아버지의 말씀, 성서에서 새로 발견한 말씀……. 그러나 어느 순간 그는 '말씀의 창조자'가 되는 길을 결심하게 되었다. 말씀을 주워듣고 발설하는 게 아니라 그 스스로 말씀이 되는 것. 그것을 깨닫는 순간의 새삼스러움을 표시하고 싶다는 뜻에서 시집의 제목은 《새삼스런 하루》가 되었다. 하지만 그때까지도 문익환의 시에서 시대의 고뇌를 읽는 사람은 없었다. 동생 문동환도 마찬가지였다.

"그런데 왜 형님의 시에는 평소의 고민들이 그림자조차 없어요?"

"없는 건 아냐. 성서 공동 번역이 끝날 때까지 자제하는 거지."

당시 문씨 형제의 관심은 산업 문화의 병폐에 있었다. 산업 사회는 단지 기계 문명만을 발달시킨 게 아니라 인간의 마음을 온통 물질 중심으로 묶어 버렸다. 삶의 보람이라든지 기쁨이라든지 하는 것은 소유에서 생겨나는 것이 아님에도 오로지 많이 생산하고 많이 소유하는 것만을 성공으로 여기게 만드는 사회였다. 인간다운 새로운 삶의 양식을 만들어 내는 일이 무엇보다 필요했다. 사회 구성원들의 연대감을 다시 살리고 공동의 선을 마련하는 일은 불가능할 것인가? 그 점에서는 형이나 동생이나 생각이 같았다. 하지만 그 실천에서는 달랐다.

동생 문동환은 사회 운동의 일선에서 헌신하는 모범적인 활동가였다. 특히 그는 공동체 운동의 중요성을 역설하여 사람들의 가슴을 흔들 뿐만 아니라 구체적인 실천에도 들어갔다. 반면, 문익환은 위정자들의 국가 이데올로기에 의해 죽임의 상태에 이른 세상을 구원하는 일에 집착했다. 생각이 큰 사람은 몸이 고단할 수밖에 없는 법. 문학을 하겠다고 뒤늦게 저잣거리에 뛰쳐나온 문익환은 그토록 열심히 사람을 사귀고 세속의 일들과 친해졌지만 누구에게도 자신의 내면을 들키지 않았다. 다들 그의 고요한 용모와 동화 속 인물 같은 '소년성'을 만났을 뿐, 불과 2, 3년 후면 휘몰아칠 천둥 같은 모습을 상상조차 하지 못했다.

박정희는 정치적으로는 극단의 권위주의를, 경제적으로는 대대적인 중공업 추진을, 대외적으로는 분단 상황을 이용하는 정책으로 발 빠르게 대응했다. 중앙정보부원들을 곳곳에 풀어놓은 상태에서 자신을 종신 대통령으로 선포하기로 결정한 것이다. 이를 본 문익환은 크게 실망하였다. 바로 여기서 거명해야 할 인물이 장준하이다.

"장준하 선생은 저보다 나이로 말하면 몇 달 늦고 학교로 말하면

제 동생과 한 반이어서 3년 후배지요. 늘 동생처럼 생각해 왔고 그러다가 해방 후 서울에 와서 같이 지내면서 보니까 너무너무 내 눈이 미치지 않을 정도로 앞서 가고 있는 대선배라고 하는 것을 발견하고 깜짝 놀랐습니다."

김구 선생이 죽은 이후 오직 유일하게 문익환의 눈높이에서 현실 정치에 관여하는 사람이 장준하였다. 그런데 '유신 대통령' 박정희와 '재야 대통령' 장준하 사이에는 갈등이 하도 커서 위험 수위를 넘어서고 있었다. 1973년 8월 8일 중앙정보부가 도쿄의 한 호텔에서 김대중을 납치한 사건이 있었던 이후 10월 4일, 그에 대한 진상 규명을 요구하는 서울대생들의 궐기대회가 있었고, 11월 5일에는 함석헌 선생, 김재준 목사, 김지하 시인 등 15명의 지식인에 의한 시국 선언이 나왔다. 그 연장선에서 장준하는 혼자 크리스마스이브를 기해 '유신 헌법의 민주적 개정을 위한 100만 인 서명 운동'에 돌입, 불과 열흘 만에 무려 40만 명의 서명을 받았다. 그리고 긴급 조치 제1호로 체포되었다. 장준하는 끌려간 뒤 거꾸로 매달린 채 몸의 여러 군데에 화상을 입었고, 민간인 신분임에도 군사 재판에 회부되어 15년 징역을 선고받았다.

긴급 조치는 정말 악독한 통치 수단이었다. 긴급 조치는 정권에 대한 어떠한 비판도 국가안보의 위반과 다름없는 것으로 만들었다. 그로 인해 정부에 대해 비판적인 발언을 하는 사람은 어떻게든 보복을 당했다. 문동환과 안병무가 문교부의 압력에 의해 학교에서 쫓겨나고, 얼마 안 되어 서남동, 이우정, 이문영 등도 실직 교수가 되었다. 그 실직 교수들이 문동환의 주도로 '갈릴리 교회'라는 특수한 교회를 만들 때 문익환은 기꺼이 동참했다. 그리고 그 교회가 열린 첫날, 장준하가 등산길에서 실족사 했다는 전화가 왔다.

"허, 준하가 죽었어."

갈릴리 교회에 장준하를 참석시키기로 하고 시간이 안 되어 일주일을 미뤘는데 그 사이에 그만 사고가 난 것이었다. 문익환은 그 죽음이 마치 자신에게 책임이 있는 것처럼 괴로워했다.

장준하의 소식을 들은 사람들은 충격에 빠졌다. 장준하는 박정희와 싸우기 위하여 정치를 시작한 사람이며, 박정희를 비방하여 '구속'의 첫발을 내딛은 사람이었다. 1966년 초부터 정식 민중당원이 되어 정치인의 대열에 들어선 그는 종종 박정희 대통령을 비판하는 발언으로 주위 사람들을 긴장시켰다.

그 두 사람의 갈등을 문익환만큼 잘 아는 사람은 없었다. 언젠가 일제에 맞서 싸울 것인가, 회피할 것인가를 준엄하게 답해야 했던 때가 있었다. 돌이켜보면 윤동주도, 장준하도, 박정희도, 문익환도, 똑같이 그 역사의 물음 앞에 서 있었고, 어떻게 응답했느냐에 따라 이후의 삶이 결정되어 버렸다. 태평양 전쟁이 일어나고 일본이 조선인을 끌고 갈 때 윤동주는 학도병으로 무기를 받아서 일본에게 겨누는 방법을 구상하였고(이것이 일제가 그를 옥사시킨 이유였다), 장준하는 일본군을 탈출하여 광복군으로 넘어갔으며, 문익환은 만주 봉천으로 회피하여 신앙의 길을 걸었다. 그들은 모두 일제에게 충성하여 윤동주 등을 죽이고 장준하와 같은 독립 운동가들을 공격하는 친일파들을 용서할 수 없었다.

그 시절에 박정희는 어떤 길을 걸었던가. 1942년 만주 군관 학교를 우등생으로 졸업하고 졸업생을 대표하는 답사를 낭독하면서 그는 일본 육사에 입학할 수 있는 특전을 얻었다. 그리하여 다시 1944년 일본 육사 57기를 3등이라는 우수한 성적으로 졸업, 오카모토 미노루라는 이름의 일본군 소위가 되었다. 이듬해 7월에 중위가 되었는데, 불과 한 달 만에 8·15를 맞아서 일본의 무조건 항복으로 무장 해제를 당해야 했다.

당시 일본에 증오심을 품은 만주 출신 사병들은 패잔병이나 다름없는 조선 출신 일본군에게 보복했다. 장교였던 박정희는 민간인 복장으로 변장하고 피난민 대열에 끼어서 북경에 주둔해 있던 광복군 제3지대를 찾아가 가담했고, 광복군 제1중대장이 되었다. 그러나 세상이 그렇게 호락호락하기만 한 것은 아니었다. 하필 그보다 훨씬 전부터 학도병을 탈출하여 광복군 간부로 있던 장준하와 만나게 된 것이다. 이때 장준하는 박정희의 세 가지 점을 꼬집어 호되게 비판했다. 첫째, 일본이 패망하기 전에 자진해서 일본군을 탈출하지 않은 점, 둘째, 일본이 승승장구했다면 여전히 일본 이름을 가진 장교로서 우리 독립 투사들을 학살했으리라는 점, 셋째, 상황을 종합할 때 그는 기회주의자일 수밖에 없다는 점이 그것이었다.

장준하는 박정희의 윤리적 약점을 절대로 용서하려 들지 않았다. 그러나 7 · 4 공동 성명이 발표되었을 때는 그간의 태도를 바꿔 전폭적 지지를 보내기도 했다. 장준하의 이 같은 태도는 통일 지상주의라 하여 상당한 내부 비판자들을 양산하기도 했으며 선민주 후통일이냐, 선통일 후민주냐 하는 논쟁을 불러일으키기까지 했다. 하지만 박정희는 마지막 기회라 할 만한 기대까지도 저버리고 말았다. 장준하 같은 사람들이 7 · 4 공동 성명으로 들뜨는 것을 이용하여 비상 계엄을 선포하고 멋대로 법을 바꾸어서 유신 체제를 선포했다.

장준하가 이를 묵과할 리가 없었다. 곧바로 '개헌 청원 서명 운동'에 돌입했고 나날이 투쟁의 강도를 높여 갔다. 위기감을 느낀 박정희는 긴급 조치 1호와 2호를 선포했다. 비상 보통 군법회 검찰부는 첫 번째로 장준하와 백기완을 구속했으며 군사 법정은 두 사람에게 각각 징역 15년형을 선고하였다. 그리하여 구속 10개월 20일 만에 간 경화증과 심장 협심증의 악화로 형 집행 정지를 받아 풀려났으나 병상에서도 쉬지 않고 박정희에게 보내는 공개서한을 발표했다. 문익환이 장준하의 안부를 염려하기 시작한 것은 이때부터였다. 언제나 한발 앞서 금기를 깨는 인물, 그래서 그에게는 '재야 대통령'이라는 별명이 붙었다. 때마침 그가 기자 회견을 통해 분열된 야권의 단일화를 제의하자 윤보선 전 대통령과 김대중, 김영삼 신민당 총재, 양일동 통일당 당수가 한자리에 앉는 4자 회담이 열렸고, 그 자리에서 야권 통합이 합의되었다. 그리고 다가오는 8월 15에 김대중과 장준하 간에 모종의 중대 결단을 내리기로 약속한 가운데, 느닷없이 장준하가 죽었다는 소식을 들었던 것이다.

문익환은 장준하가 실족사 했다는 자리에 쏜살같이 달려가서 여러 가지 정황을 수집해 본 결과, 군사 독재 정권에 의한 타살이라고 확신했다. 사고 현장은 온통 의문투성이였다. 높은 언덕에서 굴러 떨어졌다고 하는데 그가 매고 있던 '보온병'은 하나도 깨지지 않은 상태였다. 귀 뒤의 급소에 못으로 구멍이 뚫린 듯한 타박상이 있었으며, 낭떠러지에서 떨어질 때 생기는 상처가 없는 대신 양 팔꿈치에 무엇인가에 꽉 조인 자국이 있었다. 문익환은 문동환과 함께 장준하의 신체검사를 하고 사진까지 찍었다.

폭염이 이글거리던 한여름, 장준하의 죽음은 이렇게 실족사에서

의문사로 수정되어 언론을 통해서 세상에 전해졌다. 그러나 당국이 기세등등하게 반론을 펼치는 관계로 모든 것을 덮어 둔 채 끝내 장례를 치르지 않을 수 없게 되었다. 문익환은 민족 열사 장준하 영결식의 장례 위원장을 맡았는데 그때 전혀 다른 사람이 되었다. 그의 죽음을 땅에 묻어서는 안 된다! 그래, 네가 못 한 일을 내가 해 주마! 문익환의 가슴은 요동했다.

장준하를 땅에 묻지 않고 역사 속에 살리는 일로 그가 생각한 첫 사업은 《사상계》에 실린 장준하의 사설들을 모아 책을 펴내는 것이었다. 그러나 원고는 인쇄 단계에서 적발되었다. 일을 중단하지 않으면 인쇄소가 철퇴를 맞고 도산할 위기에 처했다. 문익환은 거듭 절망했다. 과연 민족의 불행을 보고 있어야만 하는가?

당시 국제 정세에서는 베트남의 동향이 중요했다. 베트남과 한국, 두 나라는 1945년에 똑같이 일제에서 해방되었으며, 남북으로 분단되어 반은 자유주의 정권이 반은 사회주의 정권이 들어선 점도 같았다. 통일을 과제로 둔 나라에서 전쟁이 일어나 북측 정권이 미국과 대결하게 된 것도 같았다. 그런데 베트남이 20년간의 전쟁에서 세계 최강의 미군을 패전시킨 것이다.

박정희 정권은 베트남의 통일을 '월남 패망'이라는 용어로 포장했다. 민중 운동이 빨갱이를 만들어 내어 나라를 망하게 한다는 거짓 선전은 한국의 양심 세력을 꼼짝없이 묶는 역할을 했다. 전태일이 지펴 올린 기적의 불씨조차 꺼질 위기에 처했다.

문익환이 장준하를 중시한 배경에는 베트남 전쟁에서 얻은 남다른 인식이 숨어 있었다. 국민의 통합을 꾀하는 민주주의 세력이 도덕과 지도력을 잃으면 국민은 오히려 사회주의를 선택하게 된다는 염려를 버릴 수 없었다. 민족 통합의 이념도, 순결한 자유주의도 보이지 않는 상황에서 장준하가 사라졌다는 것은 이 땅에서 역사를 바로잡으려는 마지막 노력이 분쇄되었다는 것을 의미했다. 아, 장준하가 사라져서는 안 된다. 그러나 그는 돌아올 수 없다. 그럼에도 속수무책으로 바라볼 수밖에 없는 자의 슬픔, 절망, 부끄러움으로 문익환은 잠을 이룰 수 없었다.

문익환의 책상 위에는 언제나 장준하의 사진이 있었다. 영정으로 쓰려고 현상한 사진을 한 장을 더 빼어 머리맡에 모셔 둔 것인데, 그는 여기에 대고 마치 산 사람에게 이야기를 하듯 말을 걸곤 했다. 이 지구상에서 생존하고 있는 여러 민족들이 오늘도 살아남은 이유는 나름대로 간직해 둔 정신적 유산이 있기 때문인데, 우리의 위대한 유산인 삼일운동은 그 절정이었다. 그것을 낡은 역사 속에 묻어 두기만 한다면 아무 의미가 없지 않은가. 그러자 곧 장준하의 음성이 들렸다. "내가 하는 걸 왜 형은 하지 못해?"하는 소리에 '맞아! 나는 왜 못해?'해 놓고는, 바로 코앞에 《씨알의 소리》가 어른거려 펼쳐 보니 거기 〈한국 외교의 나아갈 길〉이라는 장

준하의 글이 실려 있었던 것이다. 단숨에 읽고 전적으로 공감하며, 아, 여기 장준하가 이 시점에서 하고 싶은 말이 있었구나! 두말없이 받아들이고 하룻밤을 꼬박 새워 문건을 만들어 누구보다도 먼저 아우를 찾아갔다.

"동환아, 이거 좀 읽어 줘!"

문익환이 내놓은 것은 흡사 기미 독립 선언서의 후편을 연상케 하는 성명서였다.

오늘로 삼일절 쉰일곱 돌을 맞으면서 1919년 3월 1일 전 세계에 울려 퍼지던 민족의 함성, 자주 독립을 부르짖던 그 아우성이 쟁쟁히 울려와서 이대로 앉아 있는 구국 선열들의 피를 땅에 묻어버리는 죄가 되는 것 같아 우리의 뜻을 모아 민주 구국 선언을 국내외에 선포하고자 한다.

문동환은 눈이 휘둥그레지지 않을 수 없었다. 문체가 형의 것인데, 어조는 부드러우나 내용은 뜨겁고, 말투는 온건하나 태도는 강건했다. 문동환은 우선 그 점에 감동했다. 그리고 꼼꼼히 읽어 보고 두 손을 들어 환영했다. 두 형제는 이것을 성명으로 발표하기로 합의하고 서명자 확보에 나서게 되는데, 그 일도 문익환이 맡기로 했다. 유신 때는 특히 정보원들이 밀착된 감시를 하고 있었다. 서명을 받아야 하는 사람 전체를 통틀어 자유로울 수 있는 사람이라곤 문익환밖에 없었다. 그는 기미 독립 선언에 서명할 종교 지도자를 찾는 기분으로 함석헌부터 찾아갔고, 함석헌은 믿음직한 후배 신학자가 보여 주는 역사의식에 뜨겁게 찬성했다. 그는 용기백배하여 갈릴리 교회 동지들을 찾아다니며 취지를 설명했다.

문익환은 어느덧 히브리의 광야에서 길을 찾는 사람이 아니라 한국의 저잣거리에서 히브리 역사를 살아가는 현재형의 예언자로 변해 가고 있었다. 서명자 명단에 오른 사람은 윤보선, 함석헌, 김대중, 정일형, 이태영, 이우정, 김관석, 은명기, 윤반웅, 안병무, 서남동, 문동환, 백기완. 총 11명이었다. 재미있는 것은 주동자가 서명에서 빠진 사실이었다. 문익환이 성서 번역 때문에 이름을 올리지 못한 것이다.

문익환의 이름이 명단에서 빠지는 관계로 검찰에서 져야 할 책임은 모두 문동환이 맡을 수밖에 없었다. 발표는 명동 성당에서 신부들과 함께 삼일절 기념 예배에서 하기로 했는데, 낭독만 한다고 되는 게 아니었다. 장남 문호근이 밤새워 타자를 쳤고, 아내 박용길은 낭독할 때 잘 보이도록 큰 글씨로 정서하는 일을 도왔다. 배포할 문건을 인쇄하는 부담은 이해동 목사가 맡아서 한빛 교회 사택에서 밤새도록 등사를 했다. 잡혀갈 것을 뻔히 알면서 하는 일이었다.

그리하여 마침내 3월 1일 오후 6시, 서명자와 신도 700여 명이 명동 성당에 모였다. 사회는 장덕필 신부가, 미사는 김승훈 신부가 맡았다. 때마침 박정희 정권을 비판하는 시를 썼다는 이유로 구속된 김지하의 석방을 촉구하는 자리이기도 했다. 다들 삼일절의 의의를 되새기며 유신 정권을 비판하고, 신·구교 합동 기도회 시간에 설교를 맡은 문동환이 '모세의 최후'를 설명한 뒤에, "박정희 대통령도 민주적인 방법으로 후계자를 선정해서 대권을 인계해 주고 물러나면, 한국 역사에 위대한 지도자로 기록이 될 것"이라고 대통령의 하야를 권고하는 것으로 끝맺었다. 또 전주에서 개최된 기도회의 보고와 김지하 시인의 어머니가 석방을 요구하며 쓴 호소문을 문정현 신부가 낭독했다. 당일의 핵심 주제인 3·1 민주 구국 선언서 낭독은 이우정이 했다. 형사들은 당황했고, 장내는 긴장된 침묵으로 얼어붙은 듯 조용했다.

꿈을 비는 마음

3·1 사건은 이상한 폭발력을 가지고 있었다. 종교계 인사들이 성당에 모여 성명서를 낭독하고 헤어진 것이 사건의 전모였다. 하지만 당국은 이 사건을 전적으로 중앙정보부에 맡겼다. 국경일에 흔히 발표되는 상습적인 성명으로 치부하기에는 불쾌한 구석이 너무 많았던 것이다.

명동 성당은 서울 제일의 번화가가 한눈에 보이는 아담한 언덕에 선 한국 최초의 벽돌 건물로, 장소의 상징성 때문에 한국 전쟁 때 쏟아붓는 포탄조차도 비켜 간 곳이었다. 바로 그 자리에서 오전에 정부가 주최하는 기념식을 가지며 "유신 체제의 정신은 삼일운동 정신과 같다"는 박정희의 식사(式辭)를 최규하 총리에게 대독시켰는데, 그로부터 불과 몇 시간도 안 되어서 신·구교의 목회자들이 전혀 반대되는 기도회를 가진 것이 문제였다.

당국이 특히 괘씸하게 생각한 점은 성명서의 내용이었다. "국방력도 경제력도 길러야 하지만, 민주 역량의 뒷받침이 없을 때 그것은 모래 위에 세운 집과 같다", 또 "현 정권 아래서 체결된 한일 협정은 이 나라 경제를 일본 경제에 완전 예속시켜 모든 산업과 노동력을 일본 경제 침략의 희생물로 만들어 버렸다" 하는 대목에서 서명자들이 조롱한다는 느낌을 지울 수 없었던 것이다.

중앙정보부는 이 기분 나쁜 인사들을 당장 잡아들이기로 하고 즉각 출동했다. '유신 헌법 철폐, 긴급 조치 해제'라는 표현이 있는 이상 법적으로 정당하기까지 했다. 정보부는 주동자를 문동환으로 보았다. 당시 문동환은 중앙정보부에서 조사받은 전력도 있었다. 이른바 인혁당 관련자들을 고문하여 사건을 조작한 후 사형언도를 내리고 곧바로 처형해 버렸을 때 목요 기도회에서 이를 통렬하게 비판한 일로 연행되어 일주일간이나 조사를 받았는데, 어찌나 논리가 정연하고 치밀한지 다루기 어렵기로 소문이 나 있었다. 그래서 다른 사람들을 먼저 조사하여 확증을 잡아 둘 필요가 있었다. 중앙정보부 요원들은 관련자 전원을 연행하여 속속들이 남산으로 끌고 갔다. 분위기가 삼엄해서 옆방에 누가 잡혀 왔는지도 모르는 채 10일간의 취조가 시작된 것이다.

실제 주동자는 문익환인데 성서 번역을 남겨 둔 관계로 문동환이 주도한 것처럼 하기로 했다. 하지만 사전에 합의해 둔 바가 없었으니, 사건의 알리바이도 맞지 않고 그에 따른 세부 내용도 정리되지 않았다. 유인물을 집필·제작·배포한 경위, 서명을 받아 낸 경위가 시원스레 밝혀지기는커녕 조사하면 할수록 갈팡질팡이 되었다. 당국은 필히 배후 조종자가 있으리라고 믿었다. 조사의 강도는 자연히 높아질 수밖에 없었다. 밤이고 낮이고 잠도 못 자고 쉬지도 못하게 하며 세 팀이 번갈아 가며 같은 질문을 하고 또 하는 방식으로 조사를 하자 잡혀 온 사람들은 일주일 만에 기진맥진한 상태가 되었다.

당국은 김대중이 '순진한 목사'들을 조종했다는 단서를 찾기 위해 혈안이 되어 있었다. 그러나 '주범'은 엉뚱한 방향에서 밝혀졌다. 조사를 받던 안병무가 위독하다는 사실이 알려진 것이다. 문동환은 가슴이 덜컥 내려앉았다. 조사를 빨리 끝내기 위해 죄를 덮어쓰려고 했으나 조사관을 만족시킬 만한 알리바이가 없었다. 하는 수 없이 형에 대한 이야기를 모두 할 수밖에 없었고, 문익환도 모든 사실을 털어놓게 된 것이다.

1976년 3월 10일 당국은 3·1 사건을 '일부 재야인사들의 정부

전복 선동 사건'으로 규정하면서 관련자 전원을 긴급 조치 9호 위반 혐의로 입건한다고 발표했다. 선언문을 발표한 사람들은 '3·1 민주 구국 선언 사건(약칭 3·1 사건)'이라 지칭했지만, 유신 정부는 '3·1' 자가 들어가는 것을 싫어해 '명동 사건'이라고 보도하였다. 그리고 한낱 선언서 낭독으로 끝난 일을 시위 촉발·민중 봉기· 정부 전복·정권 탈취로까지 확대 해석하여 문익환에게 '정부 전복죄'를 덮어씌웠다.

그러나 법정에서 망신을 당한 것은 오히려 유신 정권이었다. 피고들의 명단은 더없이 화려했다. 전직 대통령, 야당의 대통령 후보, 전 외무장관, 한국의 사상가이자 양심의 상징, 야당의 거물, 기독교계 장로, 신·구 교회의 지도자들, 대학교수, 거기에 여성, 그리고 변호사들까지 참여해 극적 효과를 높이고 있었다. 당국은 긴장했다. 방청권을 발행하되, 피고인 1인에게 5매씩만 나눠 주었다. 방청권에는 방청인의 성명, 주민등록번호, 현주소, 피고인과의 관계 등을 기록하게 해서 공포 분위기를 조성했다. 그럼에도 1차 공판 때부터 많은 사람들이 몰려들었다. 당국의 통제는 엄격해서 방청하려는 사람들을 막고 몸수색을 하고 핸드백까지 다 뒤졌다. 재판부는 될 수 있는 한 이 재판을 세상에 알리지 않으려 했다. 특히 외신에 보도되는 일이 없도록 노력했으나 그것은 가당치도 않았다.

결국 재판은 당국이 희망하는 바와는 전혀 다르게 흘러갔다. 변호인 가운데 가장 어른인 광주에서 온 홍남순이 "이 자리가 바로 만해 한용운 스님이 3·1 독립 선언문 사건으로 앉으셨던 자리입니다"라고 말해 숙연하게 만들었다. 피고인들은 마치 물을 만난 고기와 같았다. 첫눈에 도드라진 피고는 함석헌이었는데, 그는 한국 전통적인 상복을 입고 재판정에 나타났다. 사람들이 놀라서 누가 돌아가셨느냐고 묻자 함석헌은 태연스럽게 "민주주의가 죽었어"라고 했다. 그에 응답이라도 하듯, 신현봉 신부는 자기 차례가 되자 "아이고! 아이고!" 곡을 하면서 판사 앞에 섰다. 판사가 놀라서 "무엇하는 겁니까?" 묻자 "한국에서 민주주의가 죽어서 곡을 하고 있습니다"라고 했다. 장내의 분위기는 경건하다 못해 거룩하기까지 했지만 방청객들은 속으로 이 기상천외한 재판에 통쾌해 하고 있었다.

방청객으로 초만원인 대법정에서 피고인들은 딱딱한 나무 의자에 하루 종일 앉아 있다가 차례가 되면 불려 나가 육성으로 몇 시간씩 선 채로 진술했다. 법정은 이내 피고인들이 일방적으로 앞서는 강의실이 되어 버렸다. 3·1 민주 구국 선언서에 흐르는 정치·경제·외교·민주주의적 가치들을 논리적으로 설파하고 긴급 조치, 유신 헌법 등의 부당성을 반론의 여지 없이 논박하는 김대중의 해박함과 달변은 보는 사람을 질리게 했다. 그 시원한 웅변에 함석헌이 무릎을 탁 치며 "진짜 대통령은 여기 있군!" 했다. 정리가 달려와서 조용히 하라고 주의를 주었지만 허사였다. 이문영은 특유의 논리로 강의를 해서 판사가 여러 차례 제지했는데 그때마다 "제 이야기 좀 들어 보세요" 하면서 오히려 판사를 제지했다. 안병무, 서남동은 민중 신학을 전개하고, 문동환은 장차 문교 정책이 어떤 각도에서 세워져야 할지를 알게 되었다며 김대중이 감탄할 만큼의 교육학 강의를 펼쳤다. 판, 검사들이 피고들에게 세뇌당할 지경이었다. 언론은 이 법정을 '민주 교실' 이라고 이름 지었다.

한국 민주화 운동의 흐름을 바꿔 버린 이 기념비적인 재판에서 누구보다도 돌변한 사람은 문익환이었다. "저게 몸이 비실비실하던 그 문 목사가 맞아?" 가족들조차도 믿기 어려웠다. 조서를 꾸미는 동안 정신적 긴장으로 위장이 망가져 사흘을 내리 물만 먹고 법정에 섰는데도 웬 신바람이 그렇게 나는지, 남들이 건드리지 못한 통일의 문제까지 일갈했다.

피고들이 그러는 동안 가족들은 밖에서 소란을 피우고 있었다. 공개 재판을 요구하며, 입에 검은 테이프를 십자가 모양으로 붙이고 입정을 거부하고 시위를 벌였던 것이다. 윤보선 전 대통령의 아내 공덕귀, 김대중의 아내 이희호, 이 두 사람은 박 정권이 부당하게 탄압하는 것이 아닌지 지켜보는 국제 여론을 등에 달고 있었다. 전 국민의 인권을 유린하더라도 이들만큼은 법의 테두리를 넘어서 통제할 수 없었다. 그런데 두 사람의 지원을 한 몸에 받으며 문익환의 아내 박용길이 구속자 가족의 중심인물로 떠오르고 있었다. 박용길은 금방 이문영의 아내 김석중, 이해동의 아내 이종옥과 호흡을 맞추어 누구도 못 말리는 삼총사가 되었다. 여기에 또 한 사람, 한국 현대사가 결코 잊어서는 안 될 미국인 페이 문(문혜림, 문동환의 아내)이 있었다. 페이 문은 사회적 감각과 넓은 시야를 가지고 있었다. 한국의 민주화 운동을 좁은 땅에서 일어나는 정치 세력들 간의 각축 관계가 아닌 인류 보편의 가치를 지키는 일로 인식하고, 그것을 국제 사회에 호소하는 능력이 있었다.

아내들은 무수히 많은 '시각적인 홍보 자료'를 만들었다. 공개 재판이 이루어지지 않자 방청권을 불사르자고 주장한 페이 문의 제안을 필두로 아내들은 기상천외한 방법들을 연구해서 유신 정부의 권위를 흔들어 놓기 시작했다. 접는 부채에 '공개 재판하라!'는 구호를 써 두었다가 일정한 장소에서 한꺼번에 펴기도 하고, 양산에 큰 글씨로 '민주주의 회복 만세', '공정한 재판을 하라' 등을 써 두었다가 기습적으로 펼치기도 했다. 그때마다 신이 나서 몰려드는 것은 외신 기자들이었다. 시각적 효과가 너무도 뛰어났으니 긴급 조치로 삼엄하게 얼어붙은 한국에서 부인들이 용감하게 싸우는 이야기는 사진으로 찍기에 너무도 좋은 소재였던 것이다. 한국이 얼마나 비민주적인 독재 국가인가 하는 것을 그만큼 실감나게 보여 주는 것은 없었다. 당국은 약이 오를 대로 올라 아내들을 미행하고 감시하며 갖은 괴로움을 안겨 주려 했다. 그러나 그럴수록 아내들은 치밀해질 뿐이었다.

　가족들은 재판이 끝나면 기독교 회관 6층에 있는 인권 위원회 사무실에 모여 이우정에게서 그날의 재판 이야기를 듣고, 다음 행동 계획을 짰다. 처음에는 계획이 매번 새어 나가 시위 장소에 기동 경찰대가 먼저 도착해 있었다. 도청 때문에 그리 되었다는 사실을 알고는, 틀린 날짜를 잡아서 큰 소리로 전달하면서 실제 장소나 시간은 글씨로 써서 약속했다. 그래서 아내들을 이끌고 형사를 따돌리는 일에 박용길은 금방 고수가 되었다. 택시를 잡는 척하다가 갑자기 아무 버스나 잡아타기도 하고, 갑자기 지하철로 들어가 안팎이 다른 코트를 뒤집어 입고 다른 출구로 나가면 속지 않는 형사

가 없었다. 이 여인들은 겁이 없었다. 긴급 조치고 유신 헌법이고 아랑곳하지 않고, 중앙청 앞이고 덕수궁 앞이고 재판소 앞이고 나타나 "민주주의를 회복하라! 정의를 실현하라! 공정한 재판을 하라! 구속자를 석방하라!" 외쳐 댔다. 매번 경찰 기동대가 와서 실어다가 교외로 데리고 나가 떼어 놓곤 했지만, 날이 바뀌면 또 시작되었다.

그러는 동안에도 날씨는 추워지고 크리스마스가 다가왔다. 가족들은 머리를 맞대고 의논한 끝에 수감자들에게 성탄을 알리는 새벽 찬송을 들려주기로 결정을 보았다. 크리스마스이브에 서울 구치소 가까이에 있는 수도 교회에 모여서 밤을 새우고 새벽에 걸어서 서울 구치소가 마주 보이는 높은 언덕으로 올라가면 되었다. 그

리하여 마침내 그 새벽에 구치소 불빛을 향해 〈고요한 밤 거룩한 밤〉을 부르기 시작했다. 처음에는 조용하게 시작했는데 점점 커지면서 눈물이 솟아오르는 감격을 느꼈다. 서로들 도취하여 어느 순간 환희의 노래 〈기쁘다 구주 오셨네〉도 끝내고, "메리 크리스마스, 메리 크리스마스" 하고 목청껏 소리쳤다. 서울 구치소 쪽에서도 웅성거림과 함께 함성이 들려왔다. 문익환이 듣고 대답을 시작하자 다른 수감자들이 함께 외쳐 준 것이다. 엄청난 감격이었다.

문익환의 첫 투옥은 이렇게 흥미진진한 축제의 양상을 띠었다. 분명히 육체적 허약함과 만성적인 피곤은 극한에 닿아 있었다. 계단을 오르내릴 때마다 심하게 쌕쌕거리고, 편안히 앉아 있을 때조차 숨이 차올랐다. 그런데 그 점이 오히려 문익환을 지켜 주는 역할을 하고 있었다. 신체 상태가 열악한 점이 심리적 불만을 낳기보다 만족감을 준다는 데 예외성이 있었다. 그에게 근심이 있다면 그것은 자신의 건강이 아니라 공동체의 건강, 즉 국가와 민족의 안녕이었다. 재판 과정에서 문익환은 내내 사법부를 성토했다.

재판 결과 윤보선, 함석헌, 김대중, 문익환 네 사람은 5년형을 언도받고, 윤보선과 함석헌은 고령이라는 이유로 집행 유예가 내려졌다. 2심에서도 사법부의 독립성은 기대할 수가 없었고, 또 대법원에서도 엉터리 판결이 나오기는 마찬가지였다. 하나의 재판이 끝날 때마다 판사는 우물쭈물 판결문을 읽고는 도망치듯 법정에서 나가 버렸다.

최종 형이 확정되자 문익환은 서대문 구치소 9사 상 3방에 들어가서 성경에 손을 얹고 혼자서 소리를 내어 하느님께 맹세했다.

'대한민국이라는 감옥의 문이 열려 3천만 국민이 다 자유인이 되기까지 나는 감옥 안에 있으나 밖에 있으나 죄수입니다. 그때까지 머리를 깎고 살겠습니다!'

그때부터 문익환은 민둥머리가 되었다. 그리고 머리를 깎은 다음날 그의 두 번째 고향이 될 전주로 이송되었다. 전주 교도소에서 문익환은 가족들에게 편지를 쓰면서 생명의 소중함을 아는 것이 얼마나 감격적인지를 거듭 강조하고는 했다.

예수가 밥 한 덩어리의 철학으로 나에게 열려 왔으니 난 감옥에 오지 않았다면 예수를 헛 믿을 뻔했다고 말해야 하지 않을까 싶군요. 밥한 덩어리에 담겨 있는 생명, 우리 모두의 소중한 생명, 생명 사랑이 너와 나, 이것과 저것 사이의 담장들을 다 허물어 버리는 것이었어요.

이것과 저것 사이의 담장을 허무는 일을 문익환만큼 자주, 많이, 또 기꺼이 저지르는 사람은 없었다. 평생 그래 왔지만 전주 교도소 시절은 그 완성판이라 할 수 있었다. 마음에 남아 있는 편견이며 방어 본능의 마지막 담장을 그는 그곳에서 헐어 버렸다. 이제 만나는 사람마다 바로 친구가 되어 버린다.

"선생님은 5년이라면서요? 나는 내일 모레로 만 17년이 됩니다."

운동하러 나서다가 스친 어떤 늙수그레한 사람이 말했다. 문익환은 그때 철퇴로 뒤통수를 얻어맞는 기분이었다고 한다. 그러나 감옥에는 그보다 더한 사람이 많았다.

"난 내일 20년 만기가 차서 출옥합니다."

문익환은 진심으로 축하해 주었다.

"정말 축하합니다."

이 같은 충격은 사상범이 아닌 잡범들(일반 재소자들) 속에서도 끝없이 일어났다. 그는 이러한 사람들과 함께 지내면서 세속 사회의 놀라움과 그 속에 담긴 하느님의 자취를 읽었다. 그것은 어쩔 수 없이 우리에게, '미디안 광야에서 40년 동안 생의 수수께끼를 풀지 못하고 양들의 뒤를 따라다녔던' 모세의 이야기를 떠올리게 만든다.

그는 어느 날 양 떼를 따라 시내산 기슭을 돌고 있었습니다. 아마도 모세는 그리로 여러 번 지나 다녔을 것입니다. 그곳은 결코 거룩한 땅이 아니었습니다. 대상도, 강도떼도, 목자도, 먹을 것을 주우러 다니는 부인들도 아무 거리낌 없이 마음대로 다니는 곳이었습니다. 모세는 똥오줌을 싸는 양 떼를 아무 두려움 없이 그리로 몰고 지나갔던 것입니다. 그의 몸에는 때 묻은 더러운 옷이 그대로 걸쳐져 있었고, 그의 발에는 더러운 신이 그대로 신겨 있었습니다. 그는 거룩한 경내로 들어가는 차림을 하지 않았습니다. 그는 일상 입는 옷을 입고, 일상 가진 마음가짐으로 지나가고 있었습니다. 그곳은 거룩한 곳이 아니었습니다. 그 거룩하지도 않은 속된 땅에서 모세는 홀연히 하느님의 음성을 들었습니다.

"네가 선 땅은 거룩한 땅이니, 네 발에서 신을 벗어라."

(……) 종교적인 장소가 있는 것이 아니고, 종교적인 사람이 따로 있는 것도 아니고, 종교적인 일이 따로 있는 것도 아닙니다. 교회는 거룩한 곳이고 사회는 속된 것이라는 생각은 그릇된 생각입니다. 모든 장소가, 모든 사람이, 모든 일이 거룩한 것입니다.

사실은 이때가 문익환이 신학을 결심한 지 물리적인 시간으로 딱 40년이 되는 때였다. 신학의 주제가 언제나 '지금 이곳에서의 삶'에서 나와야 한다고 주장하던 그가 '모세의 신발'을 벗는 순간, '광야는 통째로 하느님을 예배하는 거룩한 곳'이 되어 버렸다. 아니나 다를까, 얼마 지나지 않아서 그가 단식 투쟁에 들어간 사실이 알려지기 시작했다.

1977년 6월 1일은 그의 쉰아홉 번째 생일이었다. 가족들은 이틀 전에 그가 단식하고 있다는 풍문을 들었다. 6월 면회는 그래서 특별 면회로 이루어졌다. 아내 박용길과 장남 문호근, 둘째 문의근, 셋째 문성근이 면회 신청자였다.

"단식하신다면서요?"

"응. 사람은 죽을 자리를 잘 찾아야 하는 건데 평생의 사업인 성경 번역이 일단락이 되었고, 또 지금 내가 민주화 운동의 핵심적인 위치에 놓이게 되었으니, 이처럼 좋은 죽을 자리가 어디 있어? 당신 6개월만 살고 혼자 되어도 좋다고 하면서 시집왔는데, 이제 33년 살았으니까 됐지?"

하필 결혼 33주년을 맞은 때였다. 웃음기를 띤 목소리는 평소와 조금도 다르지 않았다.

"단식하시는 경과를 좀……."

"지난달 18일 저녁부터 안 먹기 시작했지."

"예비 단식도 없어요?"

가족들은 그가 보름째 굶고 있으며, 민주주의를 위해 죽을 생각을 하고 있음을 알았다. 바깥에 있는 사람들에게 부담을 주지 않기 위해서 태연하게 웃으면서 속으로 차곡차곡 죽음을 준비하고 있음이 틀림없었다.

면회가 끝난 후 가족들은 상황이 아주 심각하다는 것을 깨달았다. 교도소 측에서도 사태의 심각성을 알고 외부의 도움을 필요로 했다. 이튿날부터 재야의 거물들이 모여들어 교도소 밖에서 진을

치기 시작했다. 함석헌 선생, 안병무 박사, 박세경 변호사, 이우정 선생, 은명기 목사, 이해동 목사, 이재정 신부, 김상근 목사, 백기완 선생, 조아라 장로 등이 여러 가지 말로 문익환의 단식을 단념시키기 위해 아내와 자식들이 어떻게 설득해야 하는지 그 방법을 일러 주었다.

"왜 또 왔어? 이번이 마지막인 줄 알아. 또 오면 안 만날 거야."

웃음 띤 얼굴로, 그러나 조금의 동요도 없이 가족이 해야 할 일을 일러 주는데 정말 아무 대책이 없었다.

"밖에 함 선생님, 안 박사님, 그 밖에 많은 분들이 와서 걱정하고 계세요. 함 선생님은 당신이 죽으면 우리 같은 늙은이는 어떡하느냐고, 먼저 죽겠다고 그러세요. 오늘 철회 안 하시면 밖에서도 같이 단식하시겠대요."

"나로서 지금 할 수 있는 최대의 투쟁은 이것밖에 없어. 만약 밖에서 그런다면 주사도 거부하겠어."

너무도 단호해서 슬며시 말을 접고, 장남이 단식의 방법과 요령을 설명하려 들자 문익환은 조용히 웃었다.

"내가 바라는 것은 마지막까지 맑은 정신으로 버티는 거야. 내가 의식을 잃고 쓰러지면 강제 급식을 해서라도 살려 내겠지. 그럼 또 단식을 할 거야. 또 살려 내면 또 단식을 하고……. 어머님이 보고 싶어. 소요산에 큰 무덤을 나란히 마련해 드리고, 난 그 옆에

작은 무덤에 묻히고 싶어, 하늘나라에서 뵈어야지."

"이재정 신부님은 젊은이들이 아버지에게서 용기와 희망을 얻는데, 돌아가시면 그들에게 좌절감을 주지 않겠는가 염려하시던데요."

문익환이 언성을 높여서 화를 냈다.

"내가 그렇게 위대한 사람이야? 나 하나 죽어서 민주화 운동이 좌절된다면 그건 벌써 죽은 운동이지."

어떤 요구 조건도 내세우지 않고, 되도록 남에게 부담을 주지 않으면서 오직 '민주주의를 위해서 순교하는 사람'이 있음을 보이고자 했던 문익환의 옥중 단식은 속수무책으로 스무 날을 넘겨서. 결국 캐나다에 가 있던 어머니를 귀국하게 했다.

김신묵 권사는 출국한 지 6년 만에 늙고 여윈 몸으로 36시간의 비행기 여행을 마치고 곧바로 교도소로 들어섰다. 문익환이 아무 일 없는 듯이 면회소로 나왔다.

"어머니!"

"애, 기막히게 되었구나."

두 사람은 부둥켜안고 걷잡을 수 없이 눈물을 흘렸다.

문익환은 스무하루째 단식이었지만 겉으로는 아무렇지 않은 듯이 말했다.

"이 손을 보세요. 아직 힘이 있어요. 저 교도관 양반하고 팔씨름도 할 수 있겠어요."

어머니는 긴 여행 끝에 낮밤이 바뀌어 몹시 피곤한 얼굴이었지만, 죽음을 결심한 아들이 오래오래 딴청을 피워도 놔 두었다가 마침내 표정을 바꾸었다. 문익환이 당황하여 입을 열었다.

"서울 가서서 전태일 어머니, 상진이 어머니, 장준하 부인을 만나 주세요. 그리고 제가 불쌍한 직공들의 권익을 위해 단식한다고 전해 주시면 위로가 될 겁니다. 태일이는 직공들의 권익을 위해서, 상진이는 자유와 민주를 위해서 죽었지만, 준하가 원했던 것은 민주 통일이었죠. 그분들을 만나 보시면 제가 이렇게 극한적인 단식을 하는 심정을 아실 겁니다. 그래도 부족하면 만주에서 죽은 선열들의 뜻을 생각하시면 용기를 얻으실 거예요."

이윽고 어머니가 본론을 시작했다.

"아버지는 작년 2월에 다리가 부러진 후에 영 낫지를 않으셨어. 10월에 워싱턴과 뉴욕 샌프란시스코와 로스앤젤레스에서 데모를 했지. 죄수복을 준비하고 아버지가 네 명패, 김상돈 씨가 김대중 씨 명패, 김재준 목사님이 윤보선 씨 명패를 달고 시위를 했지. 내가 너를 만나려고 한국으로 오면서, 아버지께 아들한테 해 줄 말씀이 있거든 전해 주겠다 하니 그때 처음으로 얘기하셨다. 나도 몰랐는데, 시위가 끝나면 할복하실 생각으로 칼을 갈아 품에 넣고 가셨다는 거야. 그러나 가만 생각해 보니 온 세계가 한국을 위해 기도하는데, 기독교 연합이 기도하고, 미국 교회가 기도하고, 모두 한마음이 돼서 한국을 위해 기도하는데, 한두 사람의 기도도 들으시는 하느님께서 온 세계가 민주와 자유와 통일을 위해 기도하는 걸 모른 체할 턱이 없다. 그래서, 하느님이 해 주실 텐데 내가 왜 이래! 모든 것이 무르익어 가는데 내가 지금 할복할 필요가 있느냐 생각하시고 그만두셨다고, 그저 그 말만 전해 달라고 하셨다."

문익환이 한동안 침묵하다가 말을 꺼냈다.

"아버지는 참 위대하세요. 전 아브라함이 그 아들로 제사지낼 명령을 받은 것을 말씀드리려고 했는데."

"그 말씀은 나도 생각했다. 그러나 엘리야가 더 이상 싸우지 못하겠다고 하느님께 죽여 주십사 하고 기도했을 때, 까마귀를 시켜 음식을 물어다 주게 하시고, 하느님은 엘리야에게 아직도 바알을 섬기지 않는 사람이 칠천이 있으니 희망 있다, 나가 싸우라고 명령하셨지 않니? 그런데 지금 현실은 기독교인이 몇 백만이니 하느님이 멸망시키겠나? 난 사실 두 아들 위해 따로 기도해 본 적이 없다. 그저 민주주의를 위해 기도했지. 1899년에 우리가 만주로 넘어갈 때 내가 네 살이었는데, 그 후로 중국인들의 폭정에 시달렸지. 그 후에도 일본 사람한테 고생하고, 해방이 되어 이젠 한시름 놓겠구나 했더니 공산 치하에서 고생하고……. 기독교인들은 그런 숱한 수난을 겪으면서도 정의를 위해 사는 게거든."

한동안 침묵이 흐르다가 김신묵 권사가 다시 말했다.

"아버지가 할복을 철회하신 것은 이것이 개인의 명예를 위한 것으로 생각될까 염려하신 까닭도 있다."

"네, 그 문제는 참으로 중요한 거예요. 예수님이 광야에서 받은 첫 번째 시험을 생각해 보면, 평생을 두고 끊임없이 찾아오는 시험이라는 것을 알아요. 내가 찬양받고 싶다는 것. 그건 밀려오는 바다와 같이 무서운 시험이에요. 그 두 번째 시험을 나는 일주일 전에 극복했어요. 모든 것을 하나님께 돌려야겠다고 생각했지요. 그러고 나니까 맘이 가벼워지고 기뻐졌어요. 사실 나만큼 하느님께 찬양 올려야 할 사람이 없어요. 일생 동안 일제 밑에서 남의 눈에 안 띄는 목사로 살려고 했던 제게 성경 번역이란 큰일을 주셨지요. 교회사에는 물론이고 문화사에서도 큰일로 꼽힐 수가 있어요. 민주 투쟁의 맨 중심에 서게 해 주셨지요. 굉장한 책임을 느껴요. 부모님도 이렇게 연로하시면서 해로하시지요. 아이들 다 훌륭히 커가지요. 찬양을 돌릴밖에 없어요. 찬양을 막을 길이 없어서 기도를 드릴 수 없어요. 눈만 감으면 찬양이 터져 나오거든요."

"그래, 조급히 굴지 말고 여유를 두고 생각하렴."

"결국 모두 민주를 위해 죽는 거예요. 민주 운동의 핵심에 서게 되었으니 누구도 내 위치를 대신해 줄 수 없죠. 민주 구국 선언 사건이 역사적으로 큰 의미가 있기 때문에 저의 행동은 중요할 수밖에 없고, 그래서 신중에 신중을 기해서 결정한 일이에요. 부모님 생각을 제일 했는데, 먼저 죽는 것이 불효가 아닌가 생각되면서도, 우리 부모님은 대국적으로 생각하시는 분들이니까 마지막 효도로 이해하실 거다, 라고 생각하고 결심한 거예요."

"네게 심령의 힘이 있는 줄은 안다."

이렇게 어머니가 면회를 하고 돌아서자 문익환은 깊이 생각에 잠긴 채 걸어 나갔다.

그날, 전주 교도소 민원실 앞에는 등나무 넝쿨 아래 돌 벤치가 4개 놓여 있었다. 그걸로는 부족해서 민원실의 나무 벤치들을 여럿 내다가 자리를 마련하고 각지에서 온 많은 인사들이 서로 인사하고, 안부를 묻고, 소식을 전하고, 서로 위로를 나누는 동안 안에서 연락이 왔다. 문익환이 단식을 철회하려 하니 가족은 얼른 들어오라는 것이었다. 곧장 들어가자 문익환이 활짝 웃으면서 나와서 자리에 앉자마자 말했다.

"너무나 분명한 일이어서 더 지체 않고 알려 드립니다. 첫째로 내게 돌아오는 찬양을 하느님께 돌려 왔는데, 아버님 말씀을 듣고 생각해 보니 더 이상 하면 다른 시험에 빠지는 것이고, 둘째는 국내외에서 걱정해 주시고 기도해 주시는데 내가 고집을 부린다는 것은 나를 과대평가하는 것이며 교만으로 떨어진다는 것이고, 셋째는 이제까지 저는 그다지 심각하게 생각지 않았는데 더 계속하면 하느님을 시험하는 것이 된다는 거예요. 하느님께서 나에게 주신 체력을 시험하는 것이고, 우리를 붙들어 주시는 하느님의 능력을 시험하는 것이죠. 오늘에야 예수님의 세 번째 시험의 의미를 실감하게 되었습니다."

이것이 그 옥중 단식의 끝이었다. 이후 문익환은 참으로 훌륭하게 수감 생활을 마쳤다. 그리고 1977년 12월 31일, 아무것도 모르는 채 '동아 투위' 송년회에 참석하고 있던 박용길에게 집에 가 보라는 연락이 왔다. 석방되리라는 생각을 못했기 때문에 옷도 넣지 못하여 문익환은 교도소에서 준 국방색 양복을 입은 채 석방되었다. 연행된 아내를 따라간 지 꼭 22개월 만에 돌아온 것이었다.

계엄령 속의 겨울

　문익환이 석방됐을 때 한국에서는 한 해 동안 1천 명 이상의 시민들과 학생들이 정치적 이유로 체포되었다. 서울에 있는 수백 군데의 다방에서는 사람들이 삼삼오오 모여서 틈만 나면 정치에 대해 쑥덕공론을 하였다. 세상은 너무도 살벌했다. 군사 독재의 검은 구름이 하늘을 뒤덮어 달빛도 별빛도 없는 정치의 밤이 계속되고, 중앙정보부는 막강한 권력을 제멋대로 휘두르며 정적을 응징했다. 중앙정보부 요원은 도처에 깔려 있었는데, 야당 성향을 지닌 정당이나 단체뿐 아니라 신문사, 라디오와 텔레비전 방송국, 회사의 노조, 심지어는 미국 대학의 교실에까지 영향력을 미쳤다. 문익환은 나오자마자 그들의 적이 되었다. 저잣거리를 누비면서 많은 사람을 사로잡기 시작한 까닭이었다.

"전주 교도소에서 나의 입소를 알리는 음악회가 열렸거든. 다들 한 곡조씩 뽑는 거야. 나더러도 노래를 부르라는데, 나야 〈봄이 왔네〉밖에 부를 노래가 있어야지. 그래서 그 노래를 불렀어. 목사가 무슨 저런 노래를 부르나 싶었을 거로구먼."

어디를 가나 이렇게 콤플렉스 타령을 하면서 자신을 낮추고 남을 섬기는 식으로 인기를 끌었다. 게다가 두 번째 시집 《꿈을 비는 마음》이 출간되자 그는 더욱 신이 나서 사람들 속을 누비고 다녔다. 당국은 그의 일거수일투족이 위험스러워서 조치를 취하지 않을 수 없었다. 그리하여 출감 10개월 만에 유신 헌법의 비민주성을 폭로한 혐의로 형 집행 정지를 취소시킨 것이다.

그리고 1979년 10월 27일이 되었다. 문익환이 갇힌 안양 교도소는 아침부터 부산했다. 정부가 충격적인 뉴스를 발표했기 때문이다. 대통령이 중앙정보부장이 쏜 총에 사망했단다. 대통령 경호실장 외에 4명도 그 자리에서 죽었다는 소식이었다. 그토록 요지부동이던 시국이 YH사건으로 격동하다가 부마 시민 항쟁으로 이어지더니 대통령이 피살되는 사태로까지 이어진 것이다. 날아가는 새도 떨어뜨린다는 한국의 중앙정보부! 그 무서운 통치 체제가 어떻게 해서 느닷없이 막을 내리게 되었는지 정확한 진실은 밝혀지지 않았다. 하지만 박정희의 죽음은 이전까지 형성된 모든 흐름을 끊어 버렸다. 역사에 큰 공백이 생겼다. 예견되지 않고 준비되지 못한 정치의 계절이 시작된 것이다.

언론에서는 연일 앞으로의 정치 일정에 관한 뉴스들이 특종에 올랐다. 그런데 정작 바빠야 할 청와대의 움직임은 느리기만 했다. 최규하 대통령 권한 대행은 즉시 민주주의에 대한 청사진을 제시해야 함에도 불구하고, 헌법을 개정하기는커녕 유신 헌법에 의한 통일주체국민회의에서 제10대 대통령에 취임했다. 그가 한 일은 대통령 긴급 조치를 해제한 것밖에 없었다.

문익환은 15개월 만에 감옥에서 나왔지만 쉬고 싶은 생각이 눈곱만큼도 없었다. 한 치 앞을 내다볼 수 없는 세상의 물 밑에서 정치군인들이 숨 가쁘게 움직이는 기색이 역력했다. 참모 총장이자 계엄 사령관인 정승화는 박정희가 시해되던 날 밤 김재규와 함께 있었기 때문에 내란 동조 혐의를 받았고, 계엄 사령부 합동 수사 본부장인 전두환은 참모 총장의 체포를 위해 헌병대를 파견했다. 그 헌병대가 참모 총장 공관의 경비 병력과 총격전을 벌였다. 나중에 '12·12사태'로 불리는 이 사건의 본질은 전두환 소장을 중심으로 한 신군부 세력이 일으킨 명백한 군사 반란이었다. 국방부는 사건 발생 12일이 지나서야 그 경위를 발표했다. 국군이 정승화 파와 전두환 파로 나뉘어 싸운 것인데, 끝내 전두환 세력의 쿠데타가 성공하였다.

　역사란 가끔 가면을 쓰고 나타난다. 그 놀라운 정치적 기만의 시대를 언론은 '서울의 봄'이라고 불렀다. 20년 동안 군사 독재를 펴던 박정희라는 철벽이 없어졌다는 사실만으로도 숨통이 열릴 것 같던 세상은 안개에 덮인 듯 어떠한 희망도 보이지 않았다. 감옥에서 나온 문익환은 시대의 위기를 직관하고 있었고, 스스로 역사 속으로 빠져드는 것을 두려워하지 않았다. 당시 대통령 후보감은 자타가 공인하는 3명으로 압축되었다. 신민당의 김영삼, 재야의 지지를 받는 김대중, 공화당의 김종필. 신학기가 되자 대학생들은 '학원 민주화', '유신 체제에 협력한 교수 퇴진'을 촉구하며 농성을 시작했다. 문익환도 '민주주의와 민족 통일을 위한 국민회의'의 일원으로 민주화 촉진을 위한 국민운동을 호소했다. 그리고 계엄령의 즉각 철회를 요구했다. 이때까지 학생들의 요구는 학원의 자유화와 민주화에 그치고 있었지만 점차 반정부 양상을 띠게 되었다. 그리고 '전두환은 물러가라'는 구호가 등장했다. 전국 총학생회장들이 서울로 모이는가 하면 광주, 부산 등지의 시위도 기세가 등등했다.

　그 무렵 문익환의 집은 온통 민주주의 문제로 들떠 있었다. 5월 16일, 박용길은 이상한 소식을 들었다. 주한 미국 대사관에서 페이 문을 찾아왔는데, 곧 큰일이 벌어질 테니 모든 미국인들은 속히

본국으로 돌아가라는 명령이 떨어졌다는 것이었다. 박용길은 이를 심각하게 여기지 않았다. 거리는 날마다 민주화를 요구하는 시민과 학생의 행렬이 이어지고, 한국 재야 운동의 주역이라 할 3·1 사건의 가족들도 모두 평온을 느끼고 있었다. 서울 거리가 해방 직후처럼 활기에 차 있었다고 해도 좋았다. 김대중도 그에게 정치에 참여할 뜻이 있는 인사들을 알아봐 달라고 부탁할 정도였다. 이제 민주화의 봄이 왔으니 오랫동안 시련 속에서 민주주의를 지켜 온 사람들에게 정치에 나설 기회를 주겠다는 배려였다. 하지만 이문영은 물론이고 문익환, 고은, 예춘호, 이해동, 한승헌 등 고생을 같이 했던 누구도 정치에 나서겠다는 사람이 없었다.

그러던 5월 17일 아침, 김대중과 김영삼, 두 세력이 만난 가운데, 그 자리에서 서로 합칠 것을 약속하는 성명서가 만들어졌다. 그러나 바로 그 시각 또 다른 곳에서는 성명서가 발표되지 못하도록 하는 음모가 꾸며지고 있었다. 검은 세력이 행동을 시작한 것은 토요일 밤 10시가 넘어서였다. 가장 소란스럽게 찾은 것은 한빛교회 이해동 목사 댁. 이해동이 설교 준비를 하느라 서재에 있다가 그대로 잠이 든 사이에 전화벨이 울렸다.

"이해동 목사님 댁이죠?"

"그런데요?"

"지금 계십니까?"

"서재에서 주무시고 계신데, 누구세요?"

전화는 곧장 끊겨 버렸다. 그리고 10분 후, 네 명의 사내가 들이 닥쳐 다짜고짜 소리를 질렀다.

"대체 누구신데 한밤중에 이러세요?"

"알 것 없어."

"신분증을 보여 주세요."

사내들은 신분증을 꺼냈다. 굵고 붉게 사선으로 그어진 두 줄. 그것은 그들이 무슨 짓이든 할 수 있고, 어떤 못된 짓을 하더라도 반항할 수 없다는 것을 의미하는 듯 보였다.

"내일 예배는 보게 해 주세요. 목사잖아요. 예배 마치고 자진해
서 출두하겠어요."

그러자 사내 하나가 귀찮다는 표정으로 겨드랑이에 손을 넣더
니 불쑥 권총을 꺼냈다. 그러고는 총부리를 이해동의 이마에 들이
댔다.

"못 가? 나는 데려가야겠어. 안 간다면 모가지를 빼서 가져가
야지."

금방이라도 방아쇠를 당겨 버릴 것 같은 기세였다.

똑같은 시간에 문익환의 집에서도 사단이 벌어졌다. 사내들이 덮치는 순간 박용길은 책상 밑에 있던 서류 가방을 챙겨 시어머니 방으로 가져갔다. 문익환이 현관에서 시간을 끄는 동안 시어머니가 누워 계신 이불 밑에 그것을 감추고는 무슨 일이 있어도 일어나지 마시라고 당부했다. 그들이 권총을 꺼내 들지 않은 이유는 문익환이 까다롭게 굴지 않아서였다.

다음으로 이문영의 집에 들이닥친 사람들은 무례하게 굴지 않았다. 신분증을 제시하자 순순히 들어오게 했고, 그들은 신발을 벗는 예의도 차렸다. 이문영은 자신의 알리바이를 증명하기 위해서 다이어리를 챙겨 갔다. 소위 '김대중 내란 음모 사건'의 족쇄를 채우는 결정적인 역할을 하게 되는 다이어리였다.

이윽고, 남자들이 끌려가자 아내들은 긴박하게 움직이기 시작했다. 먼저 해야 할 일은 어디로 잡혀갔나 소재지를 파악하는 것이었다. 사내들이 내민 신분증에 써 있는 소속은 합동 수사 본부였는데, 합수부는 중앙정보부, 보안사, 검찰을 모두 합해 놓은 것이니만큼 실질적으로 데려간 곳이 어디인지 알 수 없었다. 전에는 없던 일이었다. 아무리 느닷없이 일어난 일이라 해도 누군가 잡혀가면 금방 말이 새 나오기 마련인데 이번에는 짐작조차 할 수가 없었다.

다음날 아침, 한빛 교회 주변을 경찰들이 완전히 점령하고, 사복 경찰들은 골목 입구에서 철저하게 신분을 확인하며 외부를 막고 있었다. 평소에도 교회 앞은 늘 사복 경찰들이 서성거리고 있었지만 그날은 규모가 달라서 골목 입구부터 들끓었다. 아침 일찍 들어가 있던 사람들이 예배를 진행하자 형사들이 교회 안까지 덤벼들어 사람들을 끌어내는 지경이었다.

이제 가족들은 NCC 인권 위원회 사무실을 찾아야 했다. 사무실에는 그들 말고도 구원해 달라는 비명이 쏟아져 들어오고 있어서 정신을 차릴 수가 없을 지경이었다. 광주에서 시시각각 무서운 소문이 날아들었다. 그제야 가족들은 이번 일이 전과는 비교할 수 없이 엄청나게 심각한 사태라는 것을 느끼기 시작했다.

박용길, 김석중, 이종옥 삼총사는 아침마다 만나서 새로운 소식을 주고받으며 대책을 세우려 애썼다. 남편들을 수없이 감옥에 보내고 옥바라지를 해 왔기에 이런 일은 누구보다 경험이 많았다. 그러나 매일같이 모여 신발 밑창이 터지도록 돌아다녀도 소식 한 자락 얻을 수 없었다. 도와줄 사람도, 요청할 기관도 없었다. 한 사람 앞에 그림자처럼 따라붙어 미행하는 자만 셋이었다. 마치 일개 군대처럼 느껴지는 그림자들이 시장에 갈 때, 학교에 갈 때, 심지어 목욕탕에 갈 때까지 쫓아다니며 주변을 맴돌았다. 친척 집을 방문하면 친척이 협박을 받았고, 친구들도 무서워했다. 심지어는 민주화 운동을 같이 했던 사람들조차 피하려 했다. 그러다가 함께 붙잡혀 갔던 윤반웅 목사가 돌아왔는데 부랴부랴 찾아가 보니 고개만 흔들었다. 잡혀갔던 사람들끼리도 전혀 모른다는 것이었다. 워낙 나이가 많고 허약해서 돌려보낸 모양인데, 그는 당도한 곳이 지하실 같았고 옆방에서 수없이 비명 소리가 들렸다는 것뿐, 체포한 사람이 누구인지 목적이 무엇인지 짐작조차 하지 못했다. 가족들은 궁리 끝에 육군 본부 계엄 사령부로 찾아가 잡혀간 곳만이라도 알려 달라고 사정했다. 담당 중령도 한숨을 내쉬며 머리를 흔들 뿐이었다.

이문영의 집에 제자가 찾아온 것은 그러고도 며칠이 지나서였다. 자기가 근무하는 학교에 이상한 공문이 내려왔는데, 이번에 잡혀간 사람들이 모두 북의 지시를 받고 내란을 획책했다는 내용이라는 것이었다. 아니, 내란이라니! 계엄하에서 내란죄를 덮어쓰면 어떻게 된단 말인가. 숨이 막힐 것 같은 공포감이 엄습했다. 이제 기대할 곳이라고는 외국밖에 없을 것 같아서 현충일에 맞추어 미국 대사관을 찾아갔지만, 그는 미리 준비한 대답인 듯 짧게 '즉시 법의 보호를 받을 수 있도록 노력하겠다' 말하고 입을 닫아 버렸다. 재판 절차를 밟을 수 있게 하겠다는 것만도 위안이 되었다.

아내들은 다시 침착하게 검토했다. 신군부의 최종 목적은 두말할 것도 없이 권력을 거머쥐는 것이다. 그들이 가장 무서워하는 것은 국제 사회에 인정을 받지 못하는 것. 따라서 외국 언론에 그들의 실상을 공개하는 것은 큰 타격이 될 것이었다. 그래서 다음날부터 국제 여론에 호소하기로 계획을 세우고 외국인들을 찾기 시작했다. 가장 먼저 종로 5가로 가서 NCC 인권 위원회 주변의 외신 기자들부터 만나려고 시도했다. 인권 위원회에 외신 기자가 모인다는 소식을 듣고 뒷길로 뛰어 담을 넘었으나 감시자가 너무 많았다.

이때부터 가족과 감시자들의 숨 가쁜 추격전이 시작되었다. 아침마다 각자 속옷과 양말과 성경책 등을 보따리에 싸 들고 나가서 내내 갖고 다녔다. 셋이 만나면, 어떻게 하면 감시자들을 따돌릴까만 궁리했다. 그러던 중에 아주 쉬운 방법을 알게 되었다. 그림자들의 하루 경비가 1천3백 원, 세 명이 모아 봤자 4천 원. 그들은 매일같이 4천 원어치의 감시를 수행하고 있었던 것이다. 당장 그날부터 하루에 1만 원씩 경비를 모았고, 택시를 타고 드라이브를 하다 보면 그림자들은 결국 자금 부족으로 떨어져 버리고 말았다. 그러나 미행자를 따돌렸다 하더라도 남의 눈에 띄지 않게 외신 기자들을 만나는 것은 무척 어려운 일이었다. 이상하게도 민주화 운동 과정에서 알게 된 외신 기자들을 만날 수가 없었다.

그렇게 시간은 흘러 눅진한 바람결에 한 가닥 소식이 묻어 왔다. 끌려간 사람들이 중앙정보부에 갇혀 있다는 소식이었다. 거의 두 달 가까이 소문조차 흘러나오지 않았던 데에는 그만한 이유가 있었다. 남편들을 붙잡아 간 사내들은 물론 신문을 담당한 요원들까지도 그 안에서 나오지 못하도록 철저하게 통제했던 것이다.

바깥에서 아내들이 이렇게 피를 말리며 헤매는 동안, 붙들려 간 사람들은 안에서 '지옥의 한철'을 견디고 있었다. 남산의 수사본부 지하 2층은 극도의 공포감을 불러일으켰다. 방마다 피의자 한 사람당 조사관 9명이 에워싸고 서서 온갖 협박과 폭언을 퍼부었다. 고은의 회고에 의하면, 자신은 이때 한 마리 물고기처럼 도마 위에 놓여서 조사를 잘 받거나 고문을 피할 생각은 감히 하지도 못하고 우선 당장에 급한 문제만 호소해야 했다. 언젠가 고문으로 다친 한쪽 귀를 수술하고 다른 한쪽 귀 수술을 예약한 상태였는데, 조사관들은 일부러 그러는 듯 그 부분을 집중적으로 건드렸다.

"내가 왜 귀 환자인지는 이곳에서 더 잘 알지 않소?"

"임마, 너하고 김대중하고 문익환하고는 죽어. 귀가 아깝냐?"

이 같은 분위기에서 시작된 고문은 심각했다. 3, 4일씩 잠을 자지 못하게 하는 것은 기본이었고, 틈만 나면 발가벗겨서 수치심을 느끼게 했다. 어찌나 심하게 때리는지 한 번 맞으면 앉는 건 물론이고 누울 수조차 없어서 3일간을 엎드려 지내야만 했다. 말 그대로 복날의 개처럼 매타작을 하여 온몸이 피멍으로 덮이면 그 피멍을 빼느라고 날고기를 포로 떠서 멍이 심한 상처에 붙여 주었다. 그러한 밤낮을 60여 일 동안이나 지내는 과정에서 결국 피의자들은 수사관이 불러 주는 대로 진술서를 쓰기에 이르렀다.

문익환이 이 기간 동안 인간적인 굴욕감으로 얼마나 고통을 받았는지에 대해서는 그의 육필들도, 편지나 다른 기록들도 침묵하고 있다. 어쩌면 그는 이곳에서 아무런 치욕감도 느끼지 않았는지 모른다. 자신의 멍에를 십자가로 생각했다면, 예컨대 1974년 3월 24일의 설교에서 "십자가는 치욕이요, 패배요, 비극이라고 모두 생각할 때 예수만은 그렇게 생각하지 않았습니다. 예수에게 십자가와 치욕은 영광으로, 패배는 승리로, 비극은 축복으로 바뀌지 않았습니까? 최악을 최선으로 바꾸는 일, 당연한 것을 당연한 것으로 돌리는 일, 이것이 바로 예수가 인류에게 보여 주신 것 아니겠어요?"라고 말한 것처럼 말이다.

최악의 시간을 최선으로 바꾸기 위해 그가 이곳에서 치켜든 과제는 한글 풀어쓰기에 대한 연구였다. 안기부에 가서 55일 동안 조사받을 때, 그는 주변이 온통 아비규환에 빠져 있는 틈에도 윤동주의 시들을 한글 풀어쓰기로 정서하고 있었다. 그가 한글 풀어쓰기에 처음 관심을 가진 것은 최현배 선생의 《글자의 혁명》을 읽고 난 뒤부터였다. 1949년 미국으로 공부하러 들어가기 전에 설교문을 풀어서 써 보기도 했고 미국에서 나와 신학교에서 학생들에게 주는 자료에 풀어쓰기 타자기를 써 보기도 했으나, 바쁜 일정에 쫓겨 중단되었는데 감옥 출입을 하면서 다시 기회가 온 것이다. 감옥

안의 전압이 낮아서 초저녁에는 30촉짜리 알전구가 감질나기 그지없었다. 밤이 깊어야 불이 밝아지는데 그 희미한 불빛 아래서, 우리말 책은 읽을 수 없지만 영어책은 읽을 수 있었다. 영어 글씨는 고루 굵은데, 우리 글자는 그렇지 않았다. 여기서 깨달은 것이 모둠 글씨체는 눈을 피곤하게 한다는 사실이었다. 까닭에, '우리의 말을 쓰려고 만든 글자를 최대한으로 살려' 쓰려면 모둠 글씨보다 발달된 표기법을 찾는 것이 급선무였다.

지옥의 한철도 끝나는 날이 왔다. 모든 경과는 신군부가 예정한 대로 진행되어 첫 수사 기록부에는 '국기 문란 사건'이라고 보고되었다. 국기 문란이라면 사형 선고까지 가능한데 수사의 초점은, 문익환, 이문영 등이 장충단 공원에서 대집회를 선동한 뒤 거기 모인 사람들을 앞장세워서 데모 진압 부대를 뚫으려고 계획했다는데 맞춰져 있었다. 그러다 점점 국가 보안법 적용을 철회하고 내란음모 쪽으로 몰아가기 시작했는데, 이 사건은 어느 순간 '김대중 내란 음모 사건'으로 수정되었다. 그리고 남한산성 육군 교도소의 특별 감방에 갇힌 이후에야 수감자들의 상황이 가족에게 통보되었다. 그 소식을 듣고 박용길은 한달음에 달려갔다.

이제 면회를 다니기 시작한 아내들이 시급히 처리해야 할 일은 두 가지였다. 하나는 남편들에게 시국 상황을 이해시키는 일이었다. 신문은 대서특필하고 있었지만, 남편들은 광주에서 일어난 피보라를 전혀 알 길이 없었다. 그 무서운 5·18의 진상, 그것을 헌병들이 입회한 면회장에서 어떻게 몰래 전달하는 게 가능하다는 말인가. 하지만 어머니 김신묵이 나서서 면회를 가되 아들과 며느리가 얘기하는 동안 곁에서 기도를 하면서, 광주에서 4·19보다 더 큰 난리가 났다는 기발한 독백으로 묘사해 버렸다.

두 번째로 절박한 것은 계엄령하의 군사 법정에서 전개될 재판을 준비하는 일이었다. 무엇보다도 필요한 것은 그 무서운 싸움을 이끌 유능하고 정의감 있는 변호사였다. 박용길은 3·1 사건 때 문익환을 변론한 박세경 변호사에게 당부했는데, 박세경이 변호인단을 구성하려고 뛰어다니자 신군부는 변호인단에 참여할 사람들에게 하나씩 죄목을 걸어 전원 잡아가 버렸다. 박세경은 구속되고, 나머지 사람들은 1년간 영업 정지를 내려서 변호사 일을 못하게 만들었다. 그중 한 사람, 이돈명이 대안을 가르쳐 주었다. 변호사 사무실을 가가호호 방문해서 변호사 선임이 가로막힌 사실을 확인하여 국제 여론에 호소하면 신군부가 큰 비난을 받으리라는 것이었다.

구속자 가족들은 바로 행동에 들어갔다. 3인 1조로 팀을 짜서 7월 말의 불볕더위에 서대문 일대를 돌기 시작했다. 근 백 군데나 되는 변호사 사무실을 헤맨 끝에 단 한 곳도 예외가 없었음을 확인했다. 어떤 사람은 아예 자리를 피했고, 어떤 사람은 능력이 없다며 물러섰다. 예상했지만 막상 당하고 보니 세상이 원망스럽고 외로웠으며 무서웠다. 계획대로 국제 엠네스티를 찾아가 그간 방문한 변호사 명단과 방문 일자 그리고 거부 사유를 기록한 자료와 호소문을 전달했다. 참으로 집요하고 능력 있는 아내들이었다.

사실 이때는 문동환이 미국에 있었고, 문재린은 캐나다 쪽에, 안병무는 독일 쪽에 막강한 응원군을 두고 있는가 하면, 김대중의 신변에 대해서도 세계의 정치권이 촉각을 곤두세우고 있었다. 아무리 광주에서 대학살을 감행했다고 해도 김대중 사건의 관련자들을 제멋대로 해치우는 일은 가능하지 않았다. 중앙정보부는 하는 수 없이 아내들을 졸졸 쫓아다니면서 제발 변호사를 선임하라고 조르기 시작했다. 하지만 가족들은 국선 변호인으로 재판을 강행했다. 예외는 한 사람, 김대중은 죽일 것이라는 소문이 돌고 있었기 때문에 어쩔 수 없었다. 소문으로는 김대중을 죽일 날짜는 이미 받아 놓은 상태이고, 그와 함께 죽을 사람이 한 명이 될지 두 명이 될지를 저울질하고 있다는 말까지 돌았다. 만약 둘이라면 이문영과 문익환일 터요, 하나라면 문익환일 것이었다.

이렇게 하루하루 숨 막히는 상황에서 가족들은 옥바라지 투쟁을 나날이 본격화했다. 육군 교도소는 민간인을 수용했던 전례가 없어서 모든 게 어수선하고 일관된 규칙이 없었다. 당연히 면회의 권리를 둘러싼 갈등이 없을 수 없었다. 행형법상 형이 확정되기 전까지는 날마다 면회를 할 수가 있는데, 매주 수요일을 골라 주 1회씩만 허용하는 것은 불법이었다. 이에 가족들은 날마다 몰려가서 농성을 벌였다. 한번은 수요일인데도 문익환에 대한 추가 면회 신청 접수를 받지 않았다. 가족들의 불안은 이루 말할 수 없었다. 사고가 난 건지, 병이라도 생긴 건지, 아니면 맞아서 다치거나 다른 큰일이 있어서 보여 줄 수 없게 된 건지, 별의별 걱정이 들게 마련이었다. 가족들은 눈에 보이는 것이 없었다. 철창을 열라며 흔들고 차다가 아예 위병소를 점령해 버렸다. 군인들은 여자들이 한꺼번에 들이닥치자 어떻게 해야 할지 몰라 쩔쩔매었다. 그러다 나중에는 성남 경찰서 소속의 기동대까지 출동하여 가족들을 하나씩 떼어 내어서 차에 싣고 한 시간쯤 내달리다가 낯선 곳에 내려놓고 가버리기도 했다.

그러던 8월 4일, 용산 국방부의 군사 법정에서 첫 공판이 열렸다. 피고들은 자신들의 혐의가 정확히 어디에서 어디까지인지조차 모르는 상태로 재판에 임했다. 준비란 애초부터 불가능한 상태였다. 그러던 어느 날 갑자기 이세중 변호사가 한밤중에 잡혀가더니, 이문영의 변호사로 강제 선임되어 법정에 나왔다. 재판이 일사천리로 진행되자 김대중의 담당자 외에 유일한 선임 변호사였던 이

세중도 결국은 엉터리 재판을 그만두겠다며 사퇴서를 제출했다. 법정은 그만큼 살벌했다.

비공개 군사 재판! 내신 기자는 한 사람도 들어오지 못했고, 외신 기자 두 명에게만 방청권이 주어졌다. 가족에게도 피의자 한 사람당 2매씩만 방청권이 배당되었다. 가족들은 육군 본부 입구에서 군용 버스에 태워졌는데, 버스는 재판정 건물에 다다르기 전에 마당에 세워져 모든 소지품이 압수되었다. 특히 필기도구는 절대 불가였다. 재판정 안에는 재판관이 있는 단상만 빼고 전체가 제복을 입은 헌병들로 메워졌다. 재판은 지켜보기조차 가증스러울 정도로 엉터리였다. 국선 변호인들은 몸조심 하나로 일관하면서 아무 말이나 지껄이며 시간을 때우려 들었다. 딱 한 사람, 소정팔 변호사만이 소신껏 임했다.

"내란 사건이라고 하는데, 피고인들은 각목이나 화염병은커녕 부지깽이와 박카스 병 하나 가지고 다녔다는 증거는 물론, 사실 기록도 기소장에 없습니다. 도대체 뭘 들고 내란을 하려 했다고 말하는 겁니까?"

검사 측에서 윽박질러 입막음을 했는데도 소정팔은 따지다가 재판 중간에 쫓겨나 소식조차 두절되어 버렸다. 나머지 국선 변호인들은 노골적으로 검사 측을 합리화시키려 들었다. 특히 김숙현 변호사는 피고인들이 재판 진행을 거부하는데도 무시하고 하나마나 한 소리로 진행을 거들었고, 이에 항변하는 피고 측과 가족들로 인해 재판장은 그야말로 난장판이 되어 버렸다. 끝내 문익환이 일어섰다.

"재판부 기피 신청을 하겠소. 우린 이런 재판을 받고 싶지 않소."

그러자 김대중이 일어났고, 나머지 사람들도 그 뒤를 따라 걸어 나가 버렸다. 이 같은 일이 있은 다음부터 피고 가족들은 성명서를 쓸 때마다 재판이 엉터리라는 뜻에서 "검사도 검사, 판사도 검사, 변호사도 검사"라는 표현을 단골로 썼다.

재판이 이렇다는 사실을 세상에 알릴 사람은 가족뿐이었다. 어차피 국내 언론은 포기하더라도, 국제 사회에는 분명히 알려야 했다. 그런데 재판정에 필기구를 가지고 갈 수 없으니 기록을 할 수가 없었다. 생각다 못해 볼펜의 심만 숨겨 가지고 들어가는 시도를 해보았다. 가지고 들어가는 데에는 성공했지만 꺼내자마자 옆자리의 감시자들에게 뺏기고 말았다. 고심 끝에 초소형 녹음기를 고무줄에 묶어서 치마 속에 매달고 들어가 보기도 했지만, 나중에 들어보니 하나도 알아들을 수가 없었다. 거리가 너무 멀었던 탓이었다.

어쩔 수 없이 가족들은 각기 한 사람씩 역할 분담을 했다. 재판관이 하는 말만 외우는 사람, 검사가 하는 말만 외우는 사람, 변호사가 하는 말만 외우는 사람 등으로 나누어서 휴식 시간이나 점심 시간이 되면 얼른 밖으로 나와서 잊어버리기 전에 자기가 외운 것을 읊어 내고 그걸 받아 적기로 한 것이다. 그러면서 보니 문익환의 차남 문의근, 막내 문성근 형제가 방청권 하나로 번갈아 들어가서 기억해 두었다가 옮겨 적은 방청기가 마치 현장의 내용을 그대로 녹취했다가 풀어낸 것처럼 감쪽같았다.

이 공판 기록은 나중에 광주에서 복사본이 발각되어 두 형제로 하여금 일주일간 안기부 조사를 받게 만들었다. 그래도 형제가 채록한 내용은 공판이 있을 때마다 성명서를 만들어 발표하고, 그 성명서와 호소문 등을 세계 각지의 인사들에게 보내는 데 결정적인 기여를 했다. 그것을 외부에 알리기 위해 우편을 이용할 수가 없으니 외국으로 나가는 사람의 신발 밑창에 넣기도 하고, 선교사에게 부탁하기도 하며, 미행을 따돌린 뒤 외신 기자의 방을 직접 찾아가서 밀어 넣기도 했다. 이런 노력에도 불구하고 재판은 계속 군인들의 의도대로 진행되어 마침내 선고가 내려졌다.

1심 재판이 끝난 것은 여름이 지나고 아침저녁으로 찬바람이 불기 시작할 무렵이었다. 군사재판은 정치군인들의 의도대로 모두 유죄를 선고했다. 김대중, 사형! 이 사형이라는 말은 이전까지 숱하게 들어온 징역형과는 근본적으로 느낌이 달랐다. 누가 먼저랄 것도 없이 방청석에서 애국가가 울려 퍼지자 피고들도 따라 불렀다. 당황한 군인들이 얼른 입을 손바닥으로 막았지만 이미 제압이 불가능했다. 그러자 더는 제지할 수 없다고 판단했는지 밖으로 끌

어내기 시작했다. 기를 쓰고 버텨 보았지만 여럿이서 번쩍 들고 나가는 데에는 도리가 없었다.

계절이 바뀌어서 시작된 항소심 역시 그다지 시간이 걸리지 않았다. 결과까지도 비슷했다. 어차피 신군부가 스스로 각본을 고치지 않는 이상 바뀔 것은 없었다. 마음 탓인지 그해에는 유난히 추위가 빨리 와서, 그해 겨울은 바깥세상의 살벌함만큼이나 날씨도 칼날 같고 눈도 많이 쌓였다. 추위가 절정에 이르렀던 1월 23일, 대법원은 김대중의 사형을 최종 확정 지었다. 판결이 내려지는 순간, 그 참혹한 군사 법정을 함께 체험한 사람들은 모두 절벽 같은 세상에 맞선다는 것이 얼마나 무모한지, 그 막막함으로부터 자유로울 수 없었다. 문익환이라고 해서 다를 턱이 없었다. 깊고 깊은 마음의 상처 속에서도 오직 인내와 겸손으로 자신의 아픔을 참고 견디는 수밖에 없었다.

그해 8월 4일 군법 회의에서 첫 공판이 있던 날이었다. 남한산성에서 용산 국방부의 군사 법정까지 피고들을 송치하는데, 육군 교도소 측은 한 차에는 김대중을, 한 차에는 문익환과 고은을, 또 한 차에는 이문영과 예춘호를 태워 외부와 차단했다. 그 긴 시간이야말로 갇힌 자의 해방감을 누릴 수 있는 시간이었다고는 하지만, 옛날로 보면 대역죄인을 끌고 가는 무서운 호송차 안이었다. 그런 속에서 문익환은 고은에게 "장가가!"라고 결혼을 권유했다. 결혼하면 좋은 일이 많기 때문이라는 것이었다. 이럴 때 문익환이 풍기는 따뜻한 가족 사랑의 냄새야말로 외롭게 살아온 고은을 부럽게 만드는 유혹의 손길이었다. 고은은 문익환의 권유대로 정말 출감한 지 얼마 안 되어 결혼식을 올렸다.

그런가 하면 문익환은, 삼엄한 '계엄령 속의 겨울'을 아름다운 낭만의 시간으로 바꿔 버리기도 했다. 육군 교도소에서 1월도 기울어 가던 어느 날, 한승헌은 밖으로 불려 나갔다. 이송을 앞두고 육군 교도소 측이 베푼 호의를 한승헌 변호사에게 할애한 것인데, 안기부 요원 두 사람이 기다리고 있다가 문익환과 둘이 바람이라도 쐬라는 것이었다. 차가운 겨울 하늘에 달이 떠오르고 있었다. 눈 덮인 콘세트 지붕 위에 비치는 달빛은 연약했지만, 밤하늘을 더욱 숙연하게 만들었다. 두 사람 중 누구도 얼마를 살게 될 것인지, 어떻게 하는 게 유리할 것인지 따위의 말을 하지 않았다. 그러기로 약속이나 한 것처럼 동시에 한없이 처연한 '조선의 겨울밤'을 올려다보고 있었다.

"저렇게 기막힌 하늘 본 적 있어요?"

문익환의 말이었다. 두 사람은 그날 밤 한탄이나 걱정 따위가 아니라 지상의 풍경이 얼마나 아름다운지에 대해 침묵으로 이야기했다. 한승헌은 훗날 그 같은 상황에서 '문익환 목사님과 함께 올려

다본' 그날 밤의 하늘 풍경이 세상에서 가장 아름다웠다고 말한다.

이후 문익환은 공주 교도소에서 김대중의 처우 개선과 생명의 안전을 보장하라는 단식 투쟁을 감행했다. 그리고 단식 투쟁을 끝내고 나서도, 도대체가 틈이라고는 나지 않게 분주한 나날을 보냈다. 1976년 3월에 첫 투옥을 경험한 이후, 21개월을 살고 나와 10개월 만에 감옥에 가고, 15개월을 살고 나와 5개월 만에 철창신세가 되었지만, 그는 감옥을 학교 이상으로 생각하지 않았다.

문익환의 집에서도 마찬가지였다. 박용길은 문익환이 기결수 생활에 들어가자 곧 하루도 거르지 않고 편지를 썼다. '보안'을 이유로 편지를 검열해서 전해 주지 않는 사례가 비일비재했기에, 혹시 중간에 가로채는 편지가 있을까 봐 날마다 한 통씩 번호를 매겨 가며 편지를 쓴 것이다. 모든 재판이 끝나고 육군 교도소에서 이감되어 공주 교도소에 도착한 1981년 음력 설날부터 시작한 '세 번째 편지 쓰기'는 687신에서 끝났다. 박용길은 시시콜콜한 이야기를 일기를 쓰듯이 쓰되, 판에 박힌 단조로운 감방 생활에 조금이라도 새로움을 더해 주려고 갖가지 사진도 붙여 보내고 시와 그림들도 적어 보냈다. 매일같이 신선한 기쁨을 누릴 수 있게 하려는 박용길의 정성이 너무도 가상했으므로 주변의 많은 사람들이 이들 부부의 편지 교류를 도왔다. 고운 편지지를 보내 주거나 그림·시·노래 등을 찾아 주는가 하면, 산이나 들에 갈 때 풀이나 꽃, 나뭇잎을 따다 주었다.

　문익환은 한 통도 똑같이 생기지 않은 아내의 편지를 받는 것이 너무나 기뻐서 다시 연애 시절로 돌아가서 답장을 썼다. 깨알 같은 글씨로 아내는 물론, 아버지 · 어머니에게, 갓난 손자 · 며느리 · 딸 · 아들 · 가족 모두에게 돌아가면서 정성껏 편지를 써 보냈다. 매일매일의 일상과 건강, 그리고 기도를 적고 오히려 밖에 있는 사람들을 위로하는 섬세한 편지들이었다. 노부부의 편지 교환은 감옥 안에서도 파다하게 소문이 나서 교도관들이 서로 그 편지를 전하려고 다투어 기다렸다.

누가 그를 사라져 가는 별이라 하는가

1982년 12월 24일, 31개월간의 옥살이를 끝내고 바깥에 나올 때 그는 다시 성서 번역에 파묻힐 생각이었다. 그러나 세상이 그렇게 놔두지를 않았다. 재야는 성명서 한 장이라도 낼 만한 조직체를 가지고 있지 못했다. 일제와 싸운 애국지사는 거의 별세했고, 그들의 영향을 받은 몇몇 인사가 개인적으로 따르는 젊은이들을 이끌고 있었으나 아주 미흡했다. 이 같은 상황에 문익환은 다시 나설 수밖에 없었다.

서울의 봄 이후 전두환 정권이 들어서는 과정에서 빚어진 혹독한 국가 폭력 아래 작지만 소중한, 어둠이 깊을수록 더욱 빛나 보이는 공동체가 있었다. 1975년 문동환의 제안으로 해직 교수들이 만든 갈릴리 교회가 그것이었다. 예수가 살았던 곳이 예루살렘 같은 중심 도시가 아니라 벽촌 갈릴리라는 생각에서 만들어진 교회답게, 갈릴리 교회는 시국 사건으로 고난 받는 자들의 안식처가 되었다. 처음에는 특정 해직 교수들만의 공동체였지만 점점 민주 인사들을 늘려 가더니 문익환이 석방될 당시에는 구속자 가족들을 이끌고 이 교회 저 교회 떠돌아다니며 명맥을 이어 가고 있었다. 문익환이 석방되어 담임을 맡자 갈릴리 교회는 빠른 속도로 명성을 회복했다. 분단 이데올로기 때문에 발붙일 곳이라고는 없는 사상범이나 간첩단 사건으로 구속되었던 사람들까지 문익환은 전혀 가리지 않고 마구 껴안고 사랑했으며 그들을 위해 기도해 주었다. 그러다 보니 문익환의 갈릴리 교회가 모임을 가졌던 한빛 교회는 이내 민주 인사들의 명소가 되었다. 양심수가 석방되는 날이면 한빛 교회에 모여들어 석방 축하 모임을 하는 것이 불문율이 되었다. 문익환은 어쩔 수 없이 다시 재야의 중심에 섰다.

1984년 9월 초, 전두환 대통령이 이른바 한일 신시대의 막을 올린다는 명분으로 일본을 방문하겠다고 밝혔을 때, 문익환은 함석헌, 홍남순, 송건호 등 재야인사들과 신·구교 성직자, 문학예술인, 해직 언론인, 노동·농민 운동가, 청년 운동가들과 함께 이를 반대하는 '구국 선언문'을 발표했다. 문익환은 이날 대회장으로 추대되어 "1984년 9월 6일은 제2의 국치일로 기록될 것"이라며 "진정으로 국치를 벗어나는 날, 즉 분단을 극복하고 통일을 이룩하는 날까지 항일의 의지를 이어 나가자"고 호소했다.

그 후 '민주통일국민회의(국민회의)'가 출범하고, 이듬해 3월, '국민회의'가 '민민협'을 흡수하는 방식으로 통합이 이루어졌다. 이름하여 민통련! 의장은 문익환이었다. 당년 67세의 문익환이 재야의 사령탑을 맡게 된 것이다. 물론 쉬운 일은 아니었다. '민통련'은 통합 선언문에서, '운동의 통일, 통일의 운동'을 바라는 민중의 뜻을 받아들여 앞으로 민주화와 통일을 민족의 지상 과제로 삼아서, 어떤 집단이나 개인과도 흔쾌히 연대해 나갈 것임을 분명히 했다. 당연히 여러 부문 단체의 연합체이므로 미리 시간을 두고 사람을 모으고 회의를 해서 "찬성이오!"를 받아 낸 뒤에 움직여야 하는 단체였다. 따라서 한국에서 말주변으로 한몫씩 하려는 온갖 지도 인사들이 모여들어 회의 때마다 말잔치를 벌였다. 그는 그런 회의에 넌더리를 내는 성미였으나, 신기하게도 기적 같은 지도력을 보여 주었다.

문익환은 젊은 세대가 개인적인 행복이나 영달을 위하지 않고 민족 공동체의 문제로 고민하는 학풍을 세워 가는 것을 희망적으로 생각했다. 명문 학교 출신들이 민중과 더불어 살기 위하여 어려운 삶의 현장 속으로 뛰어드는 것을 보고 진심으로 감동받고 사랑했다.

문익환의 덕망과 함께 민통련의 위세는 급속도로 팽창해 갔다. 1970년대와는 다른 형태의 재야 운동이 민통련에서 결집되었다. 그 초기의 분위기를 휩쓴 것이, 서울에서 있었던 미 문화원 점거 농성 사건이었다. 1985년 5월 23일, '전국 학생 총연합 광주 학살 원흉 처단 투쟁 위원회' 소속의 서울시내 대학생 73명이 을지로 입구에 있는 미 문화원을 기습 점거하였다. 그들은 그때까지 금기시 되었던 광주 항쟁의 실상을 폭로하고 당시 군사 작전권을 가지고 있던 미국에 대하여 배후 조종의 책임을 물으며 공식 사과를 요구하고 나선 것이다.

학생들이 미 문화원 창문에 써 붙인 세 가지 주장은 외국 언론들의 특종으로 국제 사회에 퍼져 나갔다. 하나, 광주 학살 지원에 책임지고 미 행정부는 공개 사과하라! 둘, 미국은 전두환 군사 독재 정권에 대한 지원을 즉각 중단하라! 셋, 미국 국민은 한미 관계의 올바른 정립을 위해 진지하게 노력하라! 장차 엘리트층을 형성하게 될 명문 대학의 학생 대표들이 다름 아닌 미국의 군부를 향하여 통렬한 비판을 가한 이 사건은 미국뿐 아니라 세계의 지식인들을 크게 놀라게 했다.

예전의 민주화 운동과는 사뭇 양상이 다른 이 같은 흐름은 비단 학생 운동에 국한되지 않았다. 군사 독재에 의해 막혔던 민중의 민주 의식이 차고 넘쳐서 여기저기서 터지기 시작했는데, 농민들은 외국 쇠고기의 대량 수입으로 소 값이 폭락한 점을 들고일어났으며, 노동자들은 대우 자동차 노조를 비롯한 여러 단위 노조의 임금 인상 투쟁, 장성 광업소 임금 인상 투쟁 등으로 군사 독재의 방파제를 넘어 물보라를 쏟아 놓기 시작했다. 이 숨 가쁜 전개를 조절하고 이끄는 사령탑으로서 문익환은 '영원한 청년' 다운 모습을 온 국민 앞에 보여 주었다.

위기를 느낀 전두환 정권은 학원 안정법이라는 묘안을 짜내어 학생들의 발에 족쇄를 채우려 들었다. 이에 맞서 민통련에서는 '학원 안정법 반대 투쟁 전국 위원회'를 결성하고 종로 5가 기독교 회관 인권 위원회 사무실에서 농성에 들어갔다.

그럼에도 당국의 탄압이 심해지자 이제 극한적인 투쟁이 이어졌다. 1985년 8월 15일, 광주의 도청 앞에서 건축 노동자 홍기일(25)이 분신하고 뒤이어 분신의 행렬이 꼬리를 이어 갔다. 대학가에서도 1985년 9월 17일, 경원대생 송광영(27)이 분신했다. 전태일 이후 오래도록 뜸하던 분신이 1980년 5월 광주의 참혹한 살육을 겪고 나서 급격하게 늘어난 것이다. 그리하여 1986년, 평화의 집에서 '민주화 운동 유가족 협의회'가 창립될 때는 회원이 딱 10명밖에 안 되었는데, 이듬해 '유가협 창립 한돌 기념식' 때는 회원이 두 배나 더 늘어 있었다. 이제 누군가가 나서서 이 같은 역사를 매듭지어야만 했다. 그런데 그 일을 할 사람은 누구인가?

문익환은 이미 시대의 아버지였다. 정치적인 의미에서만 그러한 게 아니었다. 문익환이 이 불행한 민족의 아들딸을 사랑하면서 남긴 온갖 종류의 일화가 전국의 젊은이들에게 퍼져 있었다. 그중 하나를 들면, 1985년에 문재린 목사의 병상을 지키던 중 그는 바로 옆에서 한 처녀 아이의 생명이 촛불처럼 꺼져 가고 있는 것을 알게 되었다. 이화 여대 영문과에 재학 중이던 스무 살의 장호경. 쇠잔한 그녀의 손을 잡고 날마다 기도하다가 얼마 뒤 구속되었다. 독재 정권 퇴진을 외치며 전국을 누비는 그를 전두환 정권이 가둬 버린 것이다. 그러나 옥중에서도 문익환은 장호경이 숨져 가는 것을 안타까워하면서 날마다 편지를 썼다. 박용길은 그 편지를 전하기 위해 인천 어느 병실에 있을 장호경을 찾느라 말할 수 없는 고생을 겪었다.

"호경아, 나는 독재와 싸워 이기마. 너는 병마와 싸워 승리해야 하느니라. 그러다 보면 우리 둘이 서로 만날 수 있어. 그날이 꼭 오고 말 거야."

장호경은 며칠 뒤 문익환의 편지를 움켜쥔 채 세상을 떠났다. 이 같은 연민이 문익환의 지도력으로 작용했기 때문에 당국은 그가 '시대의 젊음들'과 섞이는 것을 여간 불편해 하지 않았다. 광야의 선지자가 역사의 꿈을 지피는 것처럼 군사 독재를 불편하게 하는 일은 없었다. 그리하여 문익환을 네 번째로 감옥에 보내는 사건이 일어난다.

1986년 5월 20일 오후, 서울 대학교 총학생회는 '광주 항쟁의 민족사적 의의'라는 주제를 걸고 문익환을 초청하는 강연회를 가졌다. 이때 선견지명이었을까, 아니면 신의 계시라도 있었을까? 문익환이 집을 나설 때 어머니가 발을 동동 구른 것이다.

"익환아! 왜 대학생들이 자꾸 죽는다니? 한 사람이라도 더 살아서 싸워야지. 일제 시대 때 독립운동을 하신 분들이 단 한 사람이라도 그렇게 죽는 걸 봤니? 네가 가서 꼭 좀 부탁하거라. 제발 죽지 말고 좀 살아서 싸우라고!"

문익환은 감동을 받았다. '옳아, 어머님 말씀이 너무도 옳아.' 그리하여 강연에 앞서 이재호 열사와 김세진 열사에 대한 묵념을 올린 뒤 민통련에 대한 당국의 부당한 처사를 폭로했다. 그리고 어머니의 말씀대로 분신만은 제발 하지 말라고 막 부탁하려던 참인데, 눈앞에 빤히 바라보이는 학생회관 옥상에서 원예과 1학년 이동수(23)가 온몸에 불을 붙이고 뛰어내린 것이다. 숨이 막혀 버릴 것 같았다. '허! 이럴 수가 있나. 어머니 말씀부터 먼저 전했어야 하는 건데, 그랬으면 안 죽었을 수도 있었는데…….'

그러나 경찰은 이를 문익환이 선동한 결과라고 뒤집어씌우면서 분신의 배후 조종자로 지명 수배했다. 지명 수배란 도망친 사람을 잡기 위한 조치인데, 마치 문익환이 서울 대학교에 가서 이동수의 분신을 선동하고 몰래 숨어 버린 것처럼 발표한 것이다. 이런 사정을 까맣게 모르고 또 다른 강연장으로 옮겨 가던 문익환은 대구 계명 대학에 도착하여 자신이 지명 수배된 사실을 전해 들었다. 더 이상의 강연 순례가 불가능한 상황이었다. 대구 경찰서는 형사들을 급파했고, 학생들은 자진 출두하겠다는 문익환을 목말 태웠다. 아직까지 어떤 누명이나 죄목을 뒤집어쓴 자진 출두도 이렇게 아름다운 풍경을 보여 준 적은 없었다. 문익환은 즉석에서 준비한 성명서를 읽고 젊은이들의 목말을 타고 경찰에게 인도되었다. 그러나 당국은 파렴치하게 이 사실까지도 왜곡하여 '지명 수배된 문익환 목사 체포'라고 보도했다. 혐의는 '서울대 분신 사태의 배후 조종!' 공권력이 절대 해서는 안 될 최소한의 정직성조차도 내던져 버린 추악한 사건이었다.

조사를 통해 문익환이 분신을 배후 조종한 게 아니라 만류하는 강연을 다녔던 게 드러나자 당국은 그를 '집회와 시위에 관한 법률 위반'으로 고쳐서 구속했다. 그러나 이때쯤이면 문익환의 생각과 행동 방식은 이미 온 세상 사람들에게 알려져 있어서 어떤 모함도 통하지 않았다. 그는 자신의 방에 '신랑이 신부 방을 찾듯이 감옥에 가자'라는 간디의 말을 써 놓고 고통을 삶의 환희와 축복의 행사로 바꿔 버렸다. 그가 네 번째 투옥 중에 받은 민통련 의장에 대한 재판이 대표적으로 그러한 사례였다.

때는 1986년 10월 7일 오전 10시, 장소는 서울 지방 법원 대법정이었다. 이미 10분 전에 피고 문익환은 푸른 수의를 입고 도착해 있었다. 여섯 명의 교도관이 앞뒤 좌우에 앉아 있었지만 그는 반가운 얼굴을 볼 때마다 활짝 웃으며 수갑을 찬 주먹을 쳐들어 보였다. 많은 정사복 경찰이 공판정 입구를 막고 2차, 3차 계속 가방 검사를 하는 풍경이 심상치 않았다.

50대 여인이 녹음기를 뺏기고, 또 한편에서는 고은, 이우정, 공덕귀, 김종완, 김승훈, 이해찬, 박용수, 유원규, 장을병, 박종태 등 사회 유명 인사들이 방청석에 앉기 시작했다. 10시가 조금 못 되어서 이돈명, 한승헌, 김명윤, 신기하 등의 변호사가 입장하자 10시 정각에 검사 세 명이 보따리를 들고 나오는데, 서류 두께가 20센티미터가량이었다.

다음의 기록은 막내아들 문성근이 정리한 것인데, 만일 재판을 받는 일에도 달인이 있다면 그것은 문익환의 가족일 것이며, 재판들 중에도 대표작이 있다면 문익환이 민통련 의장이기 때문에 받아야 했던 바로 이 재판을 꼽아야 할 것이다. 피고 문익환은 이 재판에서 검사·판사는 말할 것도 없고 변호사와 방청객들까지 놀라고 흐느낄 수밖에 없는 상상 불허의 내면세계를 펼쳐 보인다.

판　　사　공소장을 받아 보았습니까?

문 목사　네.

판　　사　(검사 측을 보며) 기소 요지 낭독하십시오.

문 목사　(손을 들어 올려 앉으라는 시늉을 하며) 검사는 앉으세요. (판사에게)
　　　　　인정심문이 끝나면 저에게 묵비권을 행사할 수 있다거나 하
　　　　　는 저의 권한을 얘기해 주는 절차가 있지 않습니까? (변호사를
　　　　　보며) 어때요? 그런 것 아닙니까?

판　　사　잠시 기다리세요. 기소 요지 낭독한 다음에 얘기하는 겁니
　　　　　다. (검사가 일어나 낭독 준비를 하자)

변호사　(일어서며) 피고인이 말하고자 하는 뜻은 그런 뜻이 아닙니다.
　　　　　공소장이 피고에게 전달되었으니 내용은 알고 있고 또 피고
　　　　　가 원하지 않으니 낭독 절차는 생략합시다.

문 목사　인정심문도 받지 않고 얘기하려다가 그건 받았습니다. 저는
　　　　　지금 재판받으려고 나온 것이 아니고 저에게 국가 보안법을
　　　　　추가 적용해 달라고 나온 것입니다. 검찰은······.

판　　사　(문 목사의 발언을 제지하며) 그러면 기소요지를 낭독한 것으로
　　　　　인정하겠다는 것입니까?

변 / 문　네.

판　　사　좋습니다. (문 목사에게) 피고는 개개의 질문에 답변을 거부할
　　　　　수 있고 피고에게 유리한 증언을 할 수 있습니다. 하고 싶은

진술을 하십시오.

문 목사　(일어서며) 이것은 너무 중요한 이야기라 서서 하고, 나중 국
　　　　　가 보안법 문제 등은 앉아서 하겠습니다.

이어서 문익환은 한반도의 현실, 민족의 미래, 정부의 잘못을 어린이들도 알아들을 수 있도록 조목조목 설명한 후 자신이 왜 피고로서의 역할을 충실히 하는지를 설명한다.

1980년 봄입니다. 무시무시한 군사 재판이었습니다. 제 옆에는 사형을 받은 분이 계시고 나는 20년을 구형받은 재판이었습니다. 할 만한 변호사들은 모두 자격이 박탈되어 저는 국선 변호사로 재판을 받았습니다. 한 사람의 생명이 달린 재판이지만 생명 못지않게 저는 정부와 대화를 트고, 내 심정을 알리고 싶었습니다. 재판을 제대로 해서 법치 국가임을 알려 달라, 2심 시작할 때 저는 그 얘기를 했습니다. 이제 5공화국이 시작하는데 이 재판이 시금석이니 법치 국가임을 세계에 알려 달라, 제대로 재판해 달라! 그러나 역시 그대로 유죄였습니다. 이번에도 또다시 정부와 대화하면서 정부에 국민의 주권을 알리고 국민의 의사를 밝히는 자리를 만들고, 또 사법부는 사법부대로 제대로 재판해서 법치 국가를 만드는 것을 도와 드려야 하지 않겠나 생각하다가 이 생각이 어디서 나왔는가를 보니 아버님이었습니다. 그

분은 90세 인생을 오직 이 겨레를 위해 살다가 가신 분입니다. 아버님은 계속 청와대를 향해 편지를 쓰셨습니다. 아들 둘을 번갈아 잡아넣는 청와대에 편지를 계속 보냅니다. 그래 제가 그랬습니다. '아버님, 뭐하러 쓰세요. 보지도 않고 쓰레기통에 들어갈 텐데…….' '그래도 쓴다. 듣든 말든 나는 내가 할 일을 한다'고 하셨습니다. 사약을 내리는 상감을 향해 상소문을 올리는 충신의 모습, 민주 국가의 주인 의식, 민주 시민 의식을 보았습니다. 아버님의 편지, 그것이 모르는 새에 내게 와 있었다고 생각되었습니다.

그러나 더욱 심각한 것은 본인이 피고로서 호소하고자 하는 내용이었다. 제발 내게 국가 보안법을 적용하여 감옥에 더 오래 갇히도록 해 달라. 그것이 내 마음도 편하고 당국도 최악의 형평성이나마 지키는 셈이 된다, 제발 국민을 속이지 말아 달라……. 방청석에는 점점 울음소리가 번져 가고 있었다. 그 순간 문익환은 정확히 이렇게 말했다.

저는 3번이나 남들보다 먼저 나온 무정한 사람입니다. 들어와 본 사람 아니면 정말 모릅니다. (감정이 높아 잘 말로 되어 나오지 않는다.) 다른 사람이 먼저 나가고 뒤에 남을 때 받는 충격, 판사님은 모를 겁니다. 나와서 교도소에 남아 있는 사람들의 가족을 만나면 나는 죄인입니다. 그들을 남기고 먼저 나왔나? 부족한 사람이지만 부족한 대로 구속자 가족들을 보살피려고 하는 이유도 이것입니다. 이제 다시는 그들을 뒤에 남기고 먼저 나갈 수는 없습니다. 천여 명 양심수들을 먼저 내보내고 늙은 사람, 나 이제 칠순이 다 됐습니다. 인생 다 산 내가 나중에 나가야 한다는 것입니다. (방청석에서 한숨 소리 들린다.) 저에게 국가 보안법을 추가 적용해야 하는 것은 너무나 당연한 얘기입니다. 법에는 형평의 원칙이 있습니다. 제가 법 전문가가 아니라 자세히는 모르나 그런 것이 있는 것으로 압니다. 저는 민통련의 총책입니다. 내가 모르고 이루어진 일이 없고 따라서 민통련의 모든 움직임은 내 책임입니다. 7·4 공동 성명 14돌 성명이 국가 보안법 위반이라는데 그 성명은 제가 낭독했습니다. 그런데 왜 저한테는 국가 보안법을 적용하지 않습니까?"

이 재판에는 판사가 할 일도, 검사가 할 일도, 변호사가 할 일도, 있을 수 없었다. 오직 한반도의 현실이 어떠한지를 깨닫고 모두가 돌아가면 앞으로 어떻게 살아야 하는지를 돌아보며, 여전히 문익환은 감옥에 살고 있다는 생각 때문에 불편한 나날을 반성할 수밖에는 없는 노릇이었다.

한편, 해산 명령이 떨어진 민통련은 11월 8일 농성에 들어갔다.

현장에는 외신 기자의 출입이 유난히 잦았다. 민통련 폐쇄 조치는 국제적인 관심사였던 것이다. 11월 11일, 문익환 의장은 옥중에서 성명서를 발표했다.

"겨레여! 두려워 맙시다. 두려운 것은 우리가 아니라 저들입니다."

민통련 간부들은 건물을 겹겹이 에워싼 백골단 머리 위에 확성기를 내걸고 차례로 성명을 낭독하고 구호를 외쳤다.

"민중의 힘으로 민통련을 사수하자!"

"군부 독재 타도하고 민주 정부 수립하자!"

"장기 집권 획책하는 군사 독재 타도하자!"

나흘 동안 이어진 철야 농성으로 회원들이 지칠 대로 지쳐 잠에 빠져든 12일 새벽 4시, 마지막 상황이 왔다. 회원들은 안에서 튼튼한 철판 문을 걸어 잠갔지만 5분이 채 안 돼서 찌그러져 버리고, 밀려드는 백골단(사복 경찰)에게 농성자들은 한 사람씩 들려 나가 해체되었다. 문익환이 없는 동안 민통련은 그렇게 박살 난 것이다.

하지만 밤이 깊을수록 새벽은 가까워지는 법이다. 탄압의 강도가 최고조에 이른 1987년 1월, 서울 대학교 학생 박종철이 치안 본부에서 물고문을 받다가 죽은 사건이 일어났다. 민청련 의장 김근태 고문 사건과 권인숙 부천 경찰서 성고문 사건의 뒤를 이어 터진 이 사건으로 국민들의 원성은 전국적으로 드높아 갔다. 수많은 사람들이 거세게 항의하기 시작했다. 위기감을 느낀 전두환 정권은 4·13 호헌 조치를 발표했는데, 그것은 오히려 국민의 분노에 기름을 붓는 역할을 했다. 그 호헌 조치에 맞서서 한국의 모든 단체들이 마치 약속이나 한 듯이 반대 성명을 발표했다. 자연발생적이면서도 조직적인 범국민의 투쟁이 개시된 것이다. 이내 김영삼과 김대중을 고문으로 하는 국민운동 본부가 조직되었고, 각 지역의 민통련 가맹단체들이 대열을 정비했다. 심상치 않은 역사적 기운을 국민 모두가 느끼고 있었다.

갈수록 시위는 격화되었다. 경찰은 최루탄을 조준 사격했으며 이내 그것은 살상용이 되었다. 그해 6월 9일, 연세 대학교 학생 이한열이 최루탄에 맞아서 중태에 빠지고 말았다. 이튿날 전국 동시 다발로 개최되는 박종철 추모 대회와 함께 온 나라가 순식간에 도가니 속으로 빠져들어 갔다. 전국 18개 도시에서 '호헌 철폐, 독재 타도'의 목청이 울리고, 시위대와 시민은 하나가 되었다. 누가 시키지 않아도 명동으로 모여든 사람들, 어디선가 시작된 애국가 그리고 박수와 함성 소리, 만세 소리. 처음에는 학생들과 노동자들에 의해서 불붙은 시위에 넥타이를 맨 회사원과 시민 부대가 합세하자 시위대 주변의 모든 건물에서 창문과 옥상이 열리고 여기저기에서 꽃잎 같은 종이 조각들이 흩날렸다. 차량 속에 있던 사람들은 경적을 울렸고, 거리에 나선 사람들은 남녀노소 가리지 않고 눈물을 흘렸다. 특히 6월 10일부터 15일까지 5박 6일 동안 진행된 명동 성당 농성 투쟁은 민주화를 염원하는 국민들의 희망이 되었다. 명동 성당에서 흘러나온 희망의 파문은 전국으로 퍼져 나갔으며 6월 항쟁의 기폭제가 되었다. 그 여파는 6월 하순까지 계속되어 26일, 전국 34개 도시에서 무려 1백만 명이 거리로 나와 시위에 참여했다. 이 같은 상황에서 미국은 6월 20일, 백악관에 한국 대책 특별반을 편성해 운영하는 등 당황하는 빛을 보이더니, 한국 민중의 시위가 반미로 이어질 것을 우려하여 직선제 개헌을 수용하도록 움직였고, 전두환 정권은 노태우 민정당 대표를 내세워 6 · 29 선언을 발표하게 했다.

6 · 29 선언으로 사회의 흐름은 급격히 바뀌었다. 시국 사범들이 하나, 둘 풀려나기 시작하면서, 7월 8일 오후 정부의 가석방 결정으로 문익환이 진주 교도소 앞 노상 환영식에서 민주화 운동의 일선에 복귀했다. 그의 첫 발언은 너무도 차분했다.

"모든 양심수들을 앞세우고 가장 나중에 나오려고 했는데 많은 양심수들을 뒤에 두고 먼저 나와 결코 기쁘지 않습니다."

그리고 이튿날 문익환은 연세대에서 열리는 이한열의 장례식에 참가했다. 장내에는 "몇 시간 전에 진주 교도소에서 석방된 문익환 목사님이 지금 이곳으로 오고 있습니다" 하는 안내방송이 나오고 있었다. 잠시 후 문익환이 교문으로 들어서자 밀물 같은 인파가 문

익환의 걸음을 따라 모세의 바다처럼 갈라졌다.

김대중 등 저명인사들의 순서가 지나고 재야 대표 문익환이 연단에 섰다. 무슨 말을 할 것인가? 군중들은 문익환이 그 시각에 그 장소에 도착한 사실만으로도 이미 감동할 준비가 되어 있었다. 그는 그날의 침통한 하늘을 향해 눈을 감더니 조용히 두 팔을 벌렸다. 문익환 특유의 세계를 섬기는 자세, 자신의 앞가슴으로 세계를 껴안아 버리는 자세, 언제 봐도 겸허와 순정으로 충만한 그 자세를 해 보였다. 이윽고 처절하게 타들어 가는 목소리로 죽어 간 이들을 호명하기 시작했다.

"전태일 열사여! (……) 김상진 열사여! 김세진 열사여! 이재호 열사여! 박영진 열사여! (……)"

도합 26명의 열사 이름을 아무런 순서 없이 가슴에서 터져 나오는 대로 외쳐 불렀다. 땅과 하늘에 대고 울부짖는 절규였다. 단 한 마디의 군더더기도 없이, 문익환의 외침은 고요하게 퍼져 나갔다. 연세대 집회장을 꽉 메운 대중들은 더 이상 숨을 쉴 수 없는 지경이 되어 버렸다. 어디서도 본 적이 없는, 감히 어떤 연사도 흉내 낼 수 없는 너무도 문익환적인 연설이었다. 군중을 움직이는 역사에 기록될 최고의 연설이었다. 사람들의 마음은 터질 듯이 고조되어 거대한 대열을 이루며 시청으로 향했다. 맨 앞에 김대중, 김영삼, 문익환, 계훈제, 백기완 등이 서서 어깨를 나란히 하고 걸었다. 문익환이 열사들의 이름을 절반쯤 외웠을 때부터 흘리기 시작한 거대 군중의 눈물은 대열이 아현 고가도로를 넘을 때도 전혀 멈출 기색이 없었다. 한국 현대사가 다다른 절정의 순간이었다.

문익환의 위력이란 바로 이런 것이었다. 이 같은 분위기에 힘입어 여기저기 옮겨 다니던 민통련은 87년 8월, 종로 3가에 다시 사무실을 열었다. 민통련의 종로 시대가 개막한 것이다. 사실 장충동 시대를 마감하고 종로 시대로 들어서면서 민통련이 주력한 일은 통일의 계기를 만드는 것이었다. 그러나 당장의 과제 하나가 그 길을 막았는데, 바로 대통령 선거였다. 당시 민주화 운동 진영에서는 김대중을 지지하는 세력과, 후보 단일화를 주장하는 세력, 민주화 진영이 독자 후보를 내자는 세력으로 나뉘어 있어서 다들 민통련이 어떤 결정을 내릴지 주목하고 있었다. 자칫하면 사분오열될 상황이었다. 특히 민중이 쟁취한 대통령 직선제이니만큼 민중이 이기지 않아서는 말이 안 되게 되어 있었다. 6월 항쟁에서 확인된 민심은 확실한 승리를 보장하는 듯했지만 그건 어디까지나 군사 정부와 1대1로 맞섰을 때이고, 재야권에서 여러 후보가 나와서 표를 흩뜨려 놓는다면 얘기가 달라질 것이었다. 그런데 김대중과 김영삼은 서로 '내가 아니면 안 된다'는 입장이었다.

민통련은 어떤 희생을 치르더라도 단일 후보를 내야 할 처지였다. 하지만 둘의 입장이 너무도 달라, 하루도 쉬지 않고 회의를 거듭했으나 뾰족한 수가 보이지 않았다. 난처한 사람은 문익환이었다. 한 사람은 죽을 고비를 함께 넘은 동지요, 한 사람은 아버지(문재린)에게서 세례를 받은 신앙적 가족이었다. 고민 끝에 나온 대안이 두 김씨를 상대로 '정책 세미나'라는 일종의 공개 심사를 해보는 것이었다. 민통련은 어쩔 수 없이 정책 세미나를 통해 어느 한 후보를 지지하기로 결정하고 미리 정한 규칙에 따라 세미나를 진행했다. 그러면서 둘 중 한 사람을 대통령으로 밀되, 그의 모든 것을 그냥 지지하는 것이 아니라 비판하여 앞으로 민통련의 의견을 수용해야 한다는 조건을 달아 지지(비판적 지지)하기로 했다. 이같은 내용이 알려지자 김대중은 즉각 비판적 지지를 받아들이겠다고 했고, 김영삼은 정책 세미나와 관계없이 출마하겠다는 의사를 분명히 했다. 이제 문익환이 할 수 있는 일은 김대중을 당선시키기 위해 뛰는 것밖에 없었다. 민통련은 선거 운동에 들어갔고, 문익환은 유세장에 나가 지지 연설도 했다. 선거전이 막판으로 치달으면서 불리한 사람이 양보할 것을 기대했으나 양 김은 화해가 불가능해져 갔다. 김영삼은 처음부터 끝까지 일체의 상황을 고려하지 않았고, 김대중을 지지하는 쪽에서는 양 김이 그대로 출마해도 김대중의 승리가 유력하다는 '4자 필승론'까지 내세웠다.

그러나 결과는 혹독했다. 1987년 12월 16일 대통령 선거날, 오전 11시 20분께 이상한 화물차 두 대가 구로구청 마당에 서 있었다. 조금 있자 전경들의 경호를 받으며 이 트럭에 투표함 비슷한 것을 싣는 게 보였다. 이 시간에 무슨 투표함을 실어 나르느냐? 누군가가 곧장 공정 선거 감시단에 알리고 트럭을 조사해 보았더니 투표함 4개가 빵과 우유, 과자 따위로 덮여 있었다. 이것이 이른바 '구로구청 부정 투표함 사건'의 발단이었다.

이 소식은 곧 민통련에 접수되었고, 민통련은 불길한 예감에 구로구청으로 달려갔다. 문익환을 비롯하여 임채정, 김종철, 이해찬, 김병곤 등이 당도했을 때 구청 마당은 사람들로 가득 차 있었다. 오후 2시경에는 더욱 많은 인파가 몰려들었고 부정 선거를 규탄하는 자리로 바뀌어 갔다. 민통련은 곧 '대책위'를 구성했다.

그날 밤 개표 방송은 도저히 납득할 수 없는 내용을 보여 주었다. 개표가 진행될수록 단 한 표라도 많아지는 것이 원칙이건만, 21분 동안에 김대중 후보는 1,350표나 줄어들어 있었다. 신뢰할 수 없기는 다른 방송국도 마찬가지였다.

민통련 간부들은 기가 막혔다. 구청 마당에는 정체불명의 투표함이 4개나 뒹굴고 있고, 텔레비전에서는 컴퓨터 집계라는 미명하에 도깨비놀음이 벌어지는 상황을 그냥 넘길 수 없었다. 무엇보다도 현장 보존이 절박했다. 그러나 당국은 전쟁을 방불케 하는 폭력적 진압을 감행했다. 대책 본부가 이틀 밤을 새우고 난 다음날 구로구청은 죽음의 도가니로 바뀌었다. 많은 사람이 옥상까지 쫓겨 올라갔다가 경찰에 떠밀려 수십 명이 5층 옥상에서 시멘트 바닥으로 떨어진 것이다. 결국 아무것도 얻은 것이 없이 대선은 끝났고 구로구청은 진압되었다. 문익환에게 남은 것은 재야 후보의 단일화를 이루어 내지 못했다는 자책감과 패배의 오명뿐. 상상을 뒤엎는 선거 부정과 투표함 바꿔치기, 최첨단 문명이 동원된 개표 부정. 어느 하나 인정할 수 있는 것이 없었다. 문익환은 노구에 다시 무기한 단식 기도에 들어가겠다는 입장을 밝히고 곧장 혜화동 모나벨뚜라 수도원으로 들어갔다.

대선의 실패는 간단히 아물지 않았다. 민통련은 빗발치는 비난과 책임론 속에 분열되었고, 결국 이듬해 말 해체와 함께 나뉘었던 세력들을 다시 규합하여 전국민족민주운동연합(전민련)이 창립되었다. 김대중 내란 음모 사건의 그 무서운 호송차 안에서도 따뜻한 웃음을 만들어 내던 문익환의 얼굴에서도 웃음이 사라져 버렸다. 이제 누가 봐도 문익환이 할 수 있는 일은 없는 듯 보였다.

저녁노을

1988년이 기울어 갈 때 문익환은 71세의 나이를 넘기고 있었다. 그를 둘러싼 모든 것이 저녁의 시간이었다. 가깝게는 민통련 시절이 저물면서 한국의 80년대가 황혼 속으로 떠밀려 가고, 멀게는 냉전 시대의 광기가 약화되면서 인류의 20세기가 끝나 가고 있었다. 그 같은 반성의 시간에 문익환의 자취를 더듬는다면 누구나 감탄할 만큼 눈부셨다. 신학자로서, 목회자로서, 시인·번역가·언어학자로서, 그리고 무엇보다도 꿈의 사상을 실천하는 시대의 예언자로서, 그는 어느 방면에서도 빠지지 않는 거인의 자취를 새겨 놓고 있었다.

한 인간의 일대기가 이쯤 된다면 대부분의 전기 작가들은 이제 주인공의 그 화려한 인생을 정리하면서 서서히 종막을 준비해야 한다. 그러나 문익환의 끝은 어디인지 알 수 없었다. 1988년의 끄트머리에 놓인 마지막 몇 시간을 그는 한반도에서 사는 것이 얼마나 공허하고 허탈한 것인지를 거듭 깨닫고 있었다.

서울은 빌딩의 숲이요, 그 속에는 문명의 편리가 넘치지만 사람들은 한 사람도 어김없이 마음의 안식처를 찾을 길이 없었다. 이는 분단이 주는 불안 때문이었다. 서로 다른 원리로 작동되는 두 개의 사회를 구별하는 휴전선 때문에 반공 의식에 쫓겼던 우리나라 사람들은 거의 모든 주권 행사에서 민주주의를 생각할 틈이 없었다. 냉전의 질서들이 무너지는 시대에 이런 종류의 재앙에 빠져 있는 나라는 세계에 한 곳밖에 없었다. 20세기의 아침에 시작된 민족의 수난과 상처를 이토록 오래 끌고 있는 나라가 세계 어디에 있다는 말인가.

그는 이렇게 몇 시간 후면 밝아 올 1989년이라는 시간이 세계사적으로 갖는 의미를 소름 끼치도록 정확하게 꿰뚫어 보고 있었다. 그는 거대한 세기의 벽을 뛰어넘어야 하는 그해 마지막 시간에 온 밤을 꼬박 새워 〈잠꼬대 아닌 잠꼬대〉라는 시를 쓰고 있었다.

난 올해 안으로 평양으로 갈 거야

기어코 가고 말 거야, 이건

잠꼬대가 아니라고 농담이 아니라고

이건 진담이라고

(……)

난 걸어서라도 갈 테니까

임진강을 헤엄쳐서라도 갈 테니까

그러다가 총에라도 맞아 죽는 날이면

그야 하는 수 없지

구름처럼 바람처럼 넋으로 가는 거지

    마지막 줄을 쓰고 나서 그가 여기저기 전화를 걸었을 때 그 꼭두새벽에 읽어 주는 시 낭송을 듣고 이웃들은 그가 무슨 일을 준비하는지 알지 못했다. 가장 첫 번째로 전화를 받은 고은 시인은 "절실한 바가 느껴진다!"는 말로 작품을 좋게 평해 주었다. 다른 이들에게도 이는 틀림없이 '괜찮은 시 한 편'이었을 터이니 아마도 그 '기분 좋은 잠꼬대'를 축하해 주는 정도에서 그쳤을 것이다. 그러나 얼마 지나지 않아서 사람들은 깜짝 놀라고 말았다. 문익환이 정말로 북한을 방문해 버린 것이다.

    한국인이라면 누구나 장장 40년을 육체도 정신도 더 이상은 가지 못하도록 막혀 버린 분단의 아픔을 맛보지 않을 수 없었다. 그래서 청년 학생들이 통일을 외치며 분신자살을 할 때마다 문익환에게는 그것이 나이 들어서도 잘 살고 있는 기성세대에 대한 항의로 보였다. 휴전이 말 그대로 싸움을 일단 중지시켜 놓기만 한 상태라는 것을 누구보다도 그가 먼저 뼈아프게 반성하지 않을 수 없었다. 이 모욕적인 상황이야말로 한국의 어른들이 자라나는 세대들에게 받아야 할 돌이킬 수 없는 상처요, 부끄러운 콤플렉스였다.

1988년 9월 어느 날 문익환은 방북할 생각은 가지고 있었으나 구체적으로 길을 찾지 못하고 있었는데, 당시 국회 부의장 김녹영의 비서실장이었던 유원호에게서 전화가 왔다. 그가 김 의원의 부탁 말을 전하고는 별도로 정경모의 편지를 내놓으며 방북 이야기를 꺼낸 것이었다.

"정 선생님이 문 목사님이 평양에 다녀오실 수 있다면 좋을 텐데 갔다 오실 의사가 있는지 궁금해하기에, 제가 여쭤 보려고 왔습니다."

문익환은 편지를 뜯어 보고, 망설임 없이 답장을 썼다.

"나도 갔다 올 생각을 하고 있었소!"

아마도 두 사람은 그때 새롭게 굽이치는 인류사의 지평을 서로 비슷하게 보았던가 보았다. 그리고 문익환이 보낸 편지가 정경모에게 전달된 것은 3개월 후였다.

"내가 가는 목적은 김 주석을 만나 통일 문제를 논하려는 것이니까, 그것이 가능한지 확인해 주시게."

이 같은 정세가 형성된 배경에는 틀림없는 세계사적 지각 변동이 있었다. 지구촌의 곳곳에서 변화의 바람이 부는 것을 보면서 문익환은 날로 새로워지고 있는 세계에 우리도 발을 맞추자고 수없이 호소했다.

세계는 엄청나게 변하고 있습니다. 지난 5월 5일 독일 통일 문제를 놓고 양국 외상과 미·소·불 외상들이 독일 본에 모여서 독일 통일을 향한 결정적인 첫걸음을 내딛었습니다. 소련 외상 세바르드나제의 중대한 양보로 독일의 통일에 큰 걸림돌이 되어 있던 것이 제거되었습니다. 독일 통일 논의의 진전과 함께 구라파에 평화의 기틀이 급속도로 잡혀 가고 있습니다. 남미의 마지막 군사 독재 정권이 칠레에서 물러나고 민간 정권이 들어섰습니다. 중미에서는 니카라과가 내전을 끝내고 선거를 통해서 민주 정부를 세우고 모든 문제를 평화적으로 해결해 가고 있습니다. 아프리카 남단 남아 연방에서 마침내 백인의 철권 독재 정권이 인종 차별 정책을 포기하고 흑인에게도 참정권을 허락하기에 이르렀습니다.

풀려야 할 세계 문제의 마지막 고리로서 우리의 조국이 분단의 사슬에 묶여 있습니다. 인류 역사가 시작된 이후로 최대의 변혁이라 할 수 있는 이때, 우리는 7천만 겨레의 이름으로 남과 북의 두 당국에 묻지 않을 수 없습니다. 당신들은 정말 통일을 원하는가?

탁월한 통찰력이었다. 이미 러시아에서 세계 사회주의 국가들의 본부 역할을 하던 소비에트 연방, 소련이 해체되고 독일이 통일되었으며, 냉전 체제가 끝나가고 있었다. 그런데 한반도는 이 중차대한 시기에 한밤중의 악몽에서 깨어날 기미가 없었다. 문익환은 다시 유원호를 불렀다.

"아무래도 서둘러서 가야겠어요. 이 뜻을 전해 줘요."

이렇게 해서 그는 3월 9일, 일본 NCC 총간사장 나카시마 목사의 초청장을 받았다. 그리고 그 다음날 문동환(당시 평민당 부총재)을 불러 김일성 주석을 만나러 갈 생각이니 김대중 총재에게 조언을 해 달라고 부탁했다. 만남이 이루어진 것은 이틀 후였다.

김대중은 문익환의 이야기를 듣고 그가 알고 싶었던 두 가지, 첫째, 국가 원수를 만나는 절차와 예의에 대해 묻자 그런 것은 안내하는 대로 따라서 하면 되는 일이니 전혀 걱정할 필요가 없다고 가르쳐 주고, 둘째, 정치권의 통일 논의에 대해서는 이렇게 말했다.

"목사님의 연방제 통일 제1단계와 저의 공화국 연방제 안은 같은 것 아닙니까? 사실 지금 정부가 구상하고 있는 체제 연합도 우리의 의견과 별다를 것이 없습니다. 이번에 목사님이 북쪽을 이리로 끌어올 수만 있다면 큰 성과입니다."

남과 북의 관계에서 보자면 문익환은 민간인에 불과했지만, 민족의 양심을 상징하는 인사로서 문익환이 거둘 수 있는 성과가 결코 적지 않다는 것을 김대중은 알고 있었다. 그에 반해 문익환은 그런 엄청난 성과에 대한 기대를 처음부터 가지고 있지 않았다. 다만 이쪽의 통일 방안을 알리고 저쪽의 진심이 무엇인지를 알려는 것뿐. 진실로 중요한 것은 전략과 전술이 아니라 양측의 본심이라는 것이 그의 생각이었다.

"목사님이 평양에 가는 목적이 무엇입니까?"

"김 주석의 결심을 아는 일과, 45년간 굳어진 장벽을 뚫는 일입니다."

"장벽을 뚫는 게 목적이라면 정부의 승인을 받아 가지고 가셔야 합니다. 그래야 다른 사람도 갈 수 있는 길이 열립니다."

허를 찔리는 느낌이었다. 그래서 그날 저녁 이야기는 어떻게 하면 정부의 승인을 얻어 낼 수 있느냐 하는 것으로 모아졌는데, 결론은 문동환 부총재가 통일원 장관을 만나서 설득 작업을 벌인다는 것으로 끝났다. 그러나 그러한 일이 가능할 리는 없었다. 이홍구 통일원 장관은 강경파에게 몰려 제대로 소리도 못 내는 때였으니, 문익환은 문동환에게 그 같은 기대는 아예 하지 말라고 선을 그어 버렸다.

"그건 가지 않겠다는 것과 같아. 난 그냥 모험할 거야."

한편 요코하마의 정경모는 상황이 어떠한 결말을 보게 될지 초조하게 기다리고 있었다. 도쿄에는 이미 문익환의 방북 계획이 알려져 있어서 그는 잠시도 마음을 놓지 못하고 긴장과 불안 속에서 하루하루를 견디는 중이었다. 그래서 문익환이 도착하기로 한 3월 20일 아침이 되었을 때, 정경모는 조바심이 나서 더 이상 요코하마에 앉아 있지 못하고 작은아들을 데리고 도쿄로 나갔다. 그때 유원호가 알려 오기를, 문익환의 입장은 "대통령의 담화 발표를 보고 결정하겠다, 중간 평가가 실시되면 못 가는 거고, 연기되면 갈 거다"였다. 만일 못 오게 되면 몰라도 오게 된다면, 문익환이 출발한 소식을 듣고 공항으로 나갔을 때 마중할 시간이 맞아야 했다. 그 때문에 문익환과 유원호, 정성모(정경모의 동생)와 정경모 사이에 첩보전을 방불케 하는 숨 막히는 전화 통화가 몇 차례 이어졌다.

결국 문익환이 비행기를 탄 것은 오후 2시 40분, 일본 나리타 공항에 도착한 것은 오후 5시 10분. 수속을 마치고 공항에서 기다리는 정경모와 그 작은아들을 만나 얼싸안았을 때는 네온사인이 눈부신 밤이었다.

"형님이 평양으로 간다는 얘기가 새어 나갔습니다. 이 정보가 한국 정보기관에 넘어가서 형님이 못 오지 않나, 비행장에서 끌려가지 않나? 정말 애가 타는 몇 시간이었습니다."

이 말을 듣고 문익환도 바짝 긴장했다. 언젠가 김대중이 그랬던 것처럼 괴한들에게 납치될 가능성을 배제할 수 없었다. 그런 상황에서 호텔을 잡고 저녁을 먹으러 나오자 두 사람은 이내 유엔 사령부 시절의 추억 속으로 들어갔다. 그래서 어디선가 감시의 눈초리가 번뜩이고 있을지 모른다는 생각도 잊어버리고 유엔 사령부 시절 옛날의 거리에서 술을 마시고 어깨동무를 하면서 〈선구자〉를 부르고 〈마른 잎 다시 살아나〉를 노래했다. 두 세기를 뛰어넘는 위대한 모험이 그렇게 시작된 것이다.

문익환과 정경모의 결합은 과연 환상적인 조화를 이루었다. 그러나 일찍 각성한 자의 고독감으로 〈선구자〉를 부르고자 하는 사람과, 한발 늦어 보이지만 부활의 화신이 되어 〈마른 잎 다시 살아나〉를 부르는 사람 간의 노선이 같은 것은 아니었다. 정경모에게는 분단을 끝내는 20세기 최고의 이벤트를 실현하는 일이 최대 관심사였다. 어떻게 하면 김일성 주석과 문익환 목사가 껴안는 그림을 만들어 내느냐, 그리하여 우리 민족의 20세기를 '죽음과 단절의 역사'로 남기지 않고 '만남과 소생의 세기'로 기록되게 하느냐에 모든 관심을 세우고, 그것을 민족사의 사명으로 알고 준비하고 있었다. 그에 반해 문익환은 김구의 길을 가려는 생각에 부풀어 있었다. "38선을 베고 누울지언정 민족이 둘로 나뉘는 것을 더 이상은 용납하지 않겠다"는 생각을 그대로 옮기고 싶었던 것이다.

문익환은 머릿속에 장준하의 얼굴을 담아 두고 이번의 거사로 마음에 남은 마지막 빚을 갚겠다는 생각밖에 없었다. 그런 의미에서 문익환은, 남측의 민을 대표하는 입장에서 거행하는 방북을 남몰래 비밀스럽게 해치워서는 안 된다고 생각했다. 그래서 정경모에게 단도직입적으로 물었다.

"나는 양심선언도 안 쓰고 공개로 들어갈 생각인데 정 형 생각은 어떻소?"

"제 생각에도 그렇게 하는 게 좋을 것 같습니다."

그런데 그 방법 면에서는 미리 양해를 구하는 일이 쉽지 않았다. 결국 이원경 주일 대사에게는 편지를 남기기로 했다. '사후 신고'의 형식이나마 예의는 갖추는 셈이었다. 또한 문익환이 중시하고자 하는 '민에 대한 예의'는 직접 언론을 통해서 갖추기로 했다.

"나 자신은 정치인이 아니지만, 정치 협상을 통하여 정치인들이 문제를 푸는 데 돌파구를 마련해 주고 대화의 바탕을 제공할 수도 있다고 생각합니다."

그리고 평양에서의 활동을 위해 두 사람과의 만남을 추진했다. 한 사람은 《세카이(世界)》지 편집장 야스에 료스케인데, 그는 세계 정세에 정통한 일본의 지식인으로서 한국의 재야에도 권위를 떨치고 있었다. 문익환도 1987년에 그와 인터뷰를 한 적이 있는지라 그에게 김 주석을 만날 계획임을 밝히고 조언을 구했다.

"북쪽에서 제거해 주어야 할 통일의 걸림돌로서 주체사상이나 개인 숭배 문제를 제기해도 되겠습니까?"

"꼭 하셔야지요. 그런 이야기를 문 목사님 말고 누가 하겠습니까? 김 주석이 남한 국민의 소리를 직접 들을 기회가 언제 있었습니까? 앞으로 또 언제 있겠습니까? 문 목사님 이야기에는 귀를 기울여 들을 테니까 하고 싶은 이야기는 무엇이든 기탄없이 털어놓으십시오."

비록 짧은 대화였지만 야스에와의 만남은 문익환에게 김일성과 만나는 마음가짐을 갖추는 데 큰 도움이 되었다. 다음으로 문익환이 만난 또 한 사람은 일본 사회당 도이 다카코 당수였다. 그녀는 아시아를 대표하는 여성 정치인인데, 가장 존경하는 사람으로 '한국의 문익환'을 꼽을 만큼 우호적인 거물 인사였다. 도이 당수는 문익환의 방북이 갖는 역사적인 의미를 높게 평해 주었고, 좋은 성과를 거두기를 진심으로 빌어 주었다.

그래서 3월 24일 오후 8시 10분. 북경 공항에 도착했을 때 문익환은 45년 전에 떠나간 옛 만주 땅을 다시 찾은 사람처럼 향수에 젖어 있었다. 북경의 뒷골목을 차로 달릴 때에는 차에서 내려 사람들 속에 섞여 같이 걷고 싶은 마음이 일 정도였다. 그런데 잃어버린 고향에라도 돌아온 듯이 설레는 가슴에 뜻하지 않은 찬물이 끼얹어졌다. 북측에서 마중 나온 사람이 없었던 것이다. 이자들이 내게 물을 먹이려는 수작인가?

얼굴을 파르르 떨면서 분노하는 문익환을 정경모가 겨우 달래어 저녁이나 하자며 식당으로 끌고 갔을 때, 북측 대사관 직원이 헐레벌떡 뛰어왔다. 두 사람이 북경에 들어오는 시간이 23일에서 25일로 연기됐을 때는 괜찮았는데, 24일로 앞당겨지자 때를 놓쳐서 마중을 나가지 못했다며 백배 사죄하는 것이었다. 문익환의 분노도, 정경모의 불안도 일거에 해소되어 버렸다. 과연 북측은 문익환의 방북에 최선의 예의를 다하고 있었다.

실제 거리는 바로 코앞이었건만 서울에서 평양까지는 멀고도 먼 길이었다. 북경과 평양 사이엔 하루건너 한 번씩 민간 항공 노선이 있는데 북경에서 발해만을 건너는 항해 노선이 열려 있지 않았다. 중국 항공 노선을 따라 심양(예전 봉천)으로 갔다가 안동으로 해서 압록강을 굽어보면서 평양으로 돌아가야 하는 까닭을 생각하자 문익환은 기가 막혔다.

한편, 문익환과 정경모의 시대적 감각이 인류사의 전환기를 읽는 데 동시적으로 작동했던 것처럼 북에서도 역시 그 같은 변화의 감각이 작동하고 있었다. 동유럽이 무너지고, 동서독의 내왕이 활발할 때 한반도는 여전히 긴장 국면에 들어 있었는데, 때마침 몇십 년 만의 대홍수를 당한 북으로서도 참으로 간절히 민간 교류가 필요한 시점이었다.

그 상황에서 정경모가 문익환이 방북해도 되겠느냐 물었을 때 북은 남쪽의 재야 지도자를 외부에 노출시키지 않겠다고 했으며, 그를 보호하기 위해서 끝까지 보안을 유지하겠다고 약속했다. 그러나 문익환은 몰래 들어가는 것을 원하지 않았다. 도쿄를 떠나면서 남측 당국에 편지를 남기고 기자 회견을 했으며 방북을 위한 수속 일체를 공식적으로 밟았다. 남측 정부가 희망하는 절차를 밟은 것은 아니지만, 이제까지 북을 다녀간 남측의 어떤 인사도 보여 준 적이 없는 대담한 행보였다. 까닭에 북측은 부랴부랴 공식 환영 행사를 준비하면서 문익환에게도 도착 성명을 부탁하게 되었다.

"나는 이번에 말로 하는 대화가 아니라 가슴과 눈으로 하는 대화를 하러 왔습니다. 어느 한 편을 이롭게 하고 한 편을 불리하게 하러 온 것이 아닙니다. 모두에게 이로운 말이 무엇이겠느냐는 걸 찾아왔습니다. 한 편이 이기고 한 편이 지는 일이 아니라 우리 모두가 승리자가 되는 길을 찾아왔습니다."

온 세계를 놀라게 했지만 누구보다도 놀란 것은 북측이었다. 김구 이후 최초로 스스럼없이 찾아와서 흉금을 털어놓겠다는 사실 하나로, 북은 남측의 재야 운동이 가진 위엄과 정세 인식 능력과 그의 장엄한 실천에 대해서 다시 보지 않을 수 없었다. 그래서 북측 인사들은 이구동성으로 문익환 목사가 좋은 정세를 타고, 또 좋은 분위기를 몰고 왔다고 말했다. 민족의 위기가 심해지는 상황에서 활짝 숨통이 트일 팔을 벌리는 것이 고마웠던 것이다.

과연 그는 북에게 놀라움과 충격을 안겨 주었다. 문익환의 일거수일투족은 북이 예상했던 수준을 훨씬 뛰어넘는 것이어서 모든 의전 관계를 재조정해야 했다. 문익환의 공식 일정은 평양 봉수 교회에서 부활절 예배를 보는 것부터 시작됐는데, 그는 목이 잠겨 음성이 제대로 나오지 않는 소리로 첫 발언을 이렇게 했다.

"저는 민주는 민중의 부활이요, 통일은 민족의 부활이라고 믿는 사람입니다."

북측 사람들의 느낌이 전혀 달라지기 시작한 것은 아마 이 말을 듣고부터였을 것이다. 그의 설교는 부활에 대해서 추상적으로만 생각하던 북의 인식을 완전히 뒤엎어 버렸다.

"예수의 죽음은 갈릴리 민중의 죽음이었습니다. 기다리던 구원, 자유와 해방이 예수와 함께 이루어지리라 믿고 따르던 민중은 예수의 죽음과 함께 죽었던 겁니다. 그의 죽음이 민중의 죽음이었다면, 그의 부활은 민중의 부활일 수밖에 없습니다. 예수와 함께 다시 살아난 민중의 모임이 교회였던 것입니다. 그래서 교회를, 다시 사신 그리스도의 몸이라고 하는 것 아닙니까? 1970년 11월 17일 서울 평화 시장 골목에서 한 젊은이가 몸에 석유를 끼얹고 불을 붙여 불기둥으로 타오르다가 쓰러집니다. 그의 이름이 전태일입니다. 작년 11월 17일 연세대 노천극장에 모인 수만 명 노동자들의 외침 속에서 저는 전태일의 부활을 보았습니다. 그것은 다시 살아난 전태일의 목소리였습니다. 이 문익환도 부활한 전태일입니다."

그가 목사라는 점에 대해 한편으로 아쉽게 생각하고 있던 북측의 사람들은 깜짝 놀랐다. 예수와 부활의 실체가 자신들이 아는 것과는 전혀 다른 차원이었기 때문이다. 그 같은 충격은 회담에서도 이어졌다. 그날 오후 3시 만수대 의사당 소회의실에서 조평통(조국평화통일위원회)과 1차 회담을 하는데, 조평통 쪽은 민족의 통일은 북과 남의 현 제도를 그대로 두고 쌍방이 서로 상대방의 제도를 용인하고 자치제에 근거하여 두 지역 정부가 하나의 연합 공화국을 창립하는 식으로 이루어져야 하며, 연방제 통일 방안에 대한 민족적 합의를 위하여 지도급 인사들의 정치 협상이 활발히 이루어져야 한다고 했다. 문익환은 남북이 아집을 버리고 단합함으로써 유구한 역사를 가진 민족의 슬기와 존엄을 과시하며 통일을 성취해야 한다는 것을 강조하였다. 북에게 서로 양보하면서 통일 문제를 풀어 보자고 제안한 것이다.

이와 함께 문익환은 남과 북의 문제를 지적했다. 1974년 1월에 남쪽에서 남북 불가침 협정 체결을 제안하자 북쪽에서 항구 분단을 획책하는 일이라며 거부하고, 1974년 2월에 평화 협정 체결을 제안했었다. 이제 북쪽에서 평화 협정 체결과 남북 불가침 선언을 같이 하자고 하니 불가침 선언을 해야 한다는 사람들을 남쪽에서

'북괴에 동조하는' 동조죄로 몰았다. 아무리 옳은 제안과 주장이라도 한쪽의 제안과 주장을 옳다고 하면 그것이 동조죄가 되는 상황에서 통일이 가능할 턱이 없었다. 이 같은 과오들에 대해 문익환이 집어내자 정준기 부위원장은 흥분하면서 말했다.

"좋습니다. 우리 주석님도 당대에 통일을 이룩하는 것이 간절한 소원입니다. 주석님이 내일 아침 문 목사님을 만나 뵙겠다고 하십니다."

문익환은 직감적으로 자신의 회담이 진행되는 것을 김일성 주석이 어디선가 보고 있다고 생각했다. 그리고 다음날 아침 9시, 문익환, 정경모, 유원호 세 사람이 주석궁으로 안내되었다. 도착하는 길로 문익환 혼자 안에 들어갔는데, 김일성이 방에서 나와 금상산 구룡연 폭포 그림 앞에 서 있었다. 참으로 감격스러웠다. 문익환은 김일성을 보는 순간 두 팔을 한껏 벌리고 망설임 없이 다가가서 부둥켜안았다. 세계를 섬기는 자세, 세계를 껴안는 자세, 언젠가 이한열의 장례식장에서 26명의 열사들을 거명하면서 하늘을 향해 내보였던 그 동작으로 뜨겁게 포옹한 것이다. 북에서는 그것을 보고 참으로 놀랐다고 한다.

도대체 어떤 사람이 저렇게까지 담대할 수가 있을까? 남에서 재야 운동을 하는 사람들은 그렇게까지 크다는 말인가? 정말 위대한 재야

인사가 왔구나!

북에서는 그 행동을 동포애로 받아들였다. 그때부터 두 사람은 친형제처럼 다정하게 행동했다. 문익환이 구룡연 폭포 그림 앞에서 김일성과 나란히 사진을 찍고 회담장에 들어갔을 때, 김일성이 문익환을 옆으로 불렀다.

"이거 너무 멀어서 안 되겠으니 이리 가까이 오십시오."

일체의 외교 사례가 필요 없었다. 문익환도, 옆으로 불러 주어서 고맙다는 말을 할 것도 없이 앉자마자 이야기보따리를 풀었다.

"분단 50년을 넘기지 맙시다. 분단 50년을 넘기는 것은 민족의 수치입니다."

김일성도 문익환의 손을 덥석 잡으면서 대답했다.

"해봅시다. 잘하면 될지도 모르지요."

문익환은 정말 하늘을 날 듯이 기뻤다. 자신이 평양에 가서 이루고자 했던 최대치의 성과를 여기서 얻었던 것이다. 김일성의 통일 의지를 확인했고, 통일에 임하는 자세가 경직되어 있지 않다는 것도 알 수 있었다. 분단 50년을 넘기지 않고 통일이 이룩될 수도 있다는 믿음이 강하게 생겼다. 그러면서 한편으로 김일성의 면모에 놀라기도 하고 안심도 하면서 본인이 하고 싶은 이야기를 자유롭게 털어놓았다.

"남쪽에도 통일 장애 요인들이 있으니 이걸 제거하기 위해 우리는 있는 힘을 다합니다. 그것이 민주화 운동입니다. 그것은 남쪽에서 사는 우리 책임입니다. 그런데 북쪽에 있는 통일 장애 요인은 북에서 책임지고 제거해 주셔야 합니다. 그것은 바로 주체사상입니다. 이제 주체사상도 강조점이 인민에게로 옮겨져야 하지 않겠습니까?"

내심 꺼내기가 조심스러워 참고 참았던 이야기였다. 그때 가만히 앉아 기록이나 하고 있던 비서가 벌떡 일어섰다.

"목사님이 주체사상이 무엇인지 몰라서 그러시는 겁니다."

흥분한 목소리였다. 그런데 김일성의 반응은 달랐다. 아주 무거운 분위기가 되어 잠깐 눈을 아래로 깔더니 무겁게 입을 열었다.

"그렇지요. 주체사상도 인민에게서 온 거지요."

순간, 문익환의 어깨에서 무거운 맷돌이 내려지는 것 같았다. 곧이어 김일성이 말했다.

"4월 1일, 내가 문 목사님 숙소로 답방을 갈 테니 그때 좀 더 이야기를 나눕시다."

그리하여 예정에 없던 2차 회담까지 성사되었다. 회담이 끝난 뒤 밖으로 걸어 나오는 두 사람의 얼굴을 쳐다보면서 정경모는 이야기가 잘 되었다는 것을 직감했다. 이 같은 분위기는 2차 회담 때도 마찬가지였다.

4월 1일 정확히 아침 9시 30분에 김일성이 문익환의 숙소에 나타났다. 날씨는 더없이 쾌청했다. 이번에는 손만 내밀면 잡을 수 있을 만큼 두 사람이 마주 앉도록 좌석이 배치되어 있었다. 문익환이 먼저 입을 열었다.

"제가 가슴에 품고 왔던 질문을 다 한 줄 알았는데, 돌아와서 생각하니 꼭 하나 빠뜨린 게 있다는 걸 알았습니다. 그것은 미군 철수 문제입니다. 북쪽에선 미군의 단계적 철수 제안에 변동이 없는 겁니까?"

"예, 변동이 없습니다."

국회 예비회담을 전후해서 북쪽은 미군 철수론을 단계적 철수로 누그러뜨렸다. 미군 철수가 통일 협상의 전제 조건이 아니라는 것을 공표한 것이다. 통일 문제에 접근하는 북측의 자세가 현실적이라는 걸 보여 주는 일이었다. 기쁜 일이 아닐 수 없었다. 혹시 부정적인 답변이 나오면 어쩌나 근심했는데 그것은 기우였다. 그래서 지체하지 않고 물었다.

"주체사상이 뭡니까?"

조심하다 보니 오히려 퉁명스런 억양이 되어 버렸다. 그래도 김일성은 불쾌한 기색이라고는 없이 답했다.

"주체사상은 어느 나라에나 있는 겁니다. 소련에도 있고 중국에도 있습니다. 그러나 우리가 그것을 강조하는 까닭은 약소국가이기 때문입니다."

김일성은 경쾌하게 대답했지만 문익환은 쇠방망이로 뒤통수를 맞는 것 같았다. 사실 주체사상은 물질이 아닌 사람을 역사의 주체로 보면서 그 근거를 자주성·창조성·의식성에 두는데, 문익환이 다만 아쉬워하는 부분은 거기에 비판성이 빠져 있다는 것이었다.

"그렇다면 주체사상은 민족주의인가요?"

"사회주의도 민족을 위해서 있는 것입니다. 기독교 신앙도 민족을 위한 것이어야 한다고 저는 종교인들에게 말합니다."

이 말은 김일성이 사회주의자이기 이전에 민족주의자라는 것을 의미하는 것이었다. 그러자 이번에는 김일성이 물었다.

"남측은 정말 통일을 원하는 겁니까?"

김일성이 던진 처음이자 마지막 질문이었다. 김일성에게 진심으로 궁금한 것은 그 하나뿐이라는 생각이 들었다. 그것은 통일의 관건이 남측 정부의 손에 달려 있음을 의미하는 것이기도 했다.

"대한민국 정부는 통일을 원치 않는다고 부정적으로만 볼 것이 아닙니다. 지금 대한민국 정부가 구상하고 있는 체제 연합은 실질적으로 북이 제안하고 있는 연방제 통일 방안에 매우 가까이 접근해 있습니다."

문익환의 입에서 이 말이 떨어지자 김일성은 곧바로 비서를 부르며 '오늘 밤 당장 방송하라' 해 놓고는 흥분을 감추지 못하고 이렇게 말했다.

"그렇다면 노태우 대통령도 만나지. 김대중 총재, 김영삼 총재, 김종필 총재도 개인적으로 만날 수도 있고, 집단적으로도 만나지."

이때 김일성이 처음으로 노태우에게 대통령 칭호를 붙였다는 사실을 문익환은 의식하지 못했다. 다만 남측 정부가 그토록 바라던 정상 회담이 이루어지나 보다 하는 생각만 들었을 뿐이다. 하지만 그것만으로도 가슴이 터질 것 같은 뿌듯함을 느끼며, 평소에 생각하던 구체적인 제안 몇 가지를 격식 없이 전했다.

하나는 북경 아시아 경기 대회에 단일팀으로 참가할 때 국가 대신에 아리랑을 부르기로 합의했다는데, 그보다는 새 노래를 지어서 부르는 것이 어떻겠느냐는 제안이었다. 북에서 곡을 지으면 남쪽에서 가사를 짓고, 남쪽에서 곡을 지으면 북에서 가사를 붙이도록 하자고 했더니 김일성이 찬성했다. 두 번째는 남북 공동 국어사전을 편찬하는 작업을 시작하면 어떻겠느냐고 제안했는데, 그것도 좋다고 했다. 세 번째로 이산가족 문제에 대해 말하자, 자유로운 민간 교류가 열리면 그 문제는 자연히 해결되는 것이 아니겠느냐고 답변했다. 네 번째로 남쪽에서 출판되는 책을 파는 서점들을 열면 어떻겠느냐고 했는데, 여기에는 긍정도 부정도 하지 않았다.

문익환과 김일성은 이렇게 각별한 교분을 나누었다. 두 사람은 처음에는 동지라고 했다가 나중에는 형제라고 했는데, 문익환이 의형제라는 표현을 쓰자 김일성이 그걸 예전에는 '작의(作義) 형제'라고 했다고 가르쳐 주었다. 그리고 그 같은 연대감은 인민 대중들과도 맺어져 문익환이 평양에 머무르는 동안 북의 인민들은 다들 텔레비전 앞을 떠나지 않았다.

문익환은 눈이 마음과 마음을 통하는 창구라는 사실을 중시하고 있었다. 백 마디 말로도 전할 수 없는 마음이 눈빛 하나로 오가는 창이 바로 눈이다. 그래서 그는 평양에서 누구하고 이야기할 때도 눈을 똑바로 쳐다보고 이야기했다. 김일성과 이야기할 때도 마찬가지였다. 이처럼 문익환의 태도는 거침이 없었다. 일정을 마치고 숙소에 돌아오면 그곳에서 일하는 사람을 다 들어오라고 해서 식사를 같이하고, 지위 고하를 막론하고 어떤 사람을 만나도 친구처럼 대했다. 정경모, 유원호와 함께 모란봉 산책길에서 만난 문씨 청년과의 일화도 그래서 생겼다. 젊은 남녀 두 쌍이 술잔을 나누며 데이트하는 걸 발견하고 문익환이 뛰어들어 대뜸 이렇게 말했다.

"나는 남에서 온 문익환 목사요. 나도 술 한잔 주구려."

그러자 청년이 벌떡 일어났다.

"제 이름은 문익선입니다. 친구들이 너 문익환 목사 동생 아니냐고 묻습니다. 남조선에서도 통일을 위해 싸우시다가 여기까지 오시니 반갑습니다."

청년의 말을 듣는 순간, 문익환은 자신이 문익점 선생의 이름을 들을 때마다 느껴지던 친근한 기억이 떠올라 껴안아 버렸다.

또 소년 문화 궁전에서는 이런 일이 있었다. '바른말 쓰기' 소조를 방문했는데, 마침 바른말 훈련을 위한 연극을 하는 중이었다. 인민학교 3학년 여자아이와 2학년 여자아이 그리고 1학년 사내아이가 하는 촌극인데, 3학년 여자아이가 봉투를 들고 말한다.

"이 편지를 부치려면 어떻게 하면 되지?"

"우표를 붙이고 우체통에 넣으면 되지."

2학년 여자아이의 대답이었다.

"그런데 이 편지는 우표를 붙여도 못 간단다."

3학년 여자아이가 말하자 1학년 사내아이가 묻는다.

"왜 그렇지?"

"광주에 사시는 할아버지한테 보내는 편지거든."

그때였다. 갑자기 문익환이 뛰어들었다.

"그 편지 나 주렴. 내가 그 편지 너희 할아버지한테 갖다 드릴게. 광주에 계시는 너희들 할아버지 할머니 만나는 세상 만들어 주려고 내가 온 거야."

그러자 어린이들이 눈물을 펑펑 쏟으면서 울음을 터뜨렸다. 그때 황석영이 옆에서 '우리 어른들이 못나서……'라고 말하는 바람에 눈물바다가 된 것이다.

이 같은 방식으로 문익환은 주체사상탑에도 가고, 북의 체제를 지키다가 숨져 간 열사들의 묘소인 '신미리 애국열사릉'에도 가서 참배했다. 물론 남파 간첩들이 묻혀 있는 열사릉임에도 개의치 않고, 묵념도 하고 예를 다 갖췄다. 북측은 그렇게 예의를 다해 주는 것이 눈물겹도록 고마웠을 것이다. 뒷날 남쪽 정부기관에서는 그 점을 문제 삼았는데, 그때 문익환의 답변이 이랬다.

"통일을 한다는 것은 갈라진 역사를 통일한다는 것인데, 통일된 다음 어떻게 남쪽 영웅만 영웅이겠어. 북쪽의 영웅도 민족의 영웅이 되는 거야. 김유신만 영웅이 되나? 을지문덕, 계백 장군도 민족의 영웅이 되는 거야."

이 같은 소식이 전해지자 남한 사회는 벌집을 쑤셔 놓은 것같이 아수라장이 되었다. 여론이 여론을 부추기고 반공 단체는 물론, 교회 내부의 공격도 심각했다. 연일 그의 방북을 비난하는 성명이 나오고 시위가 일어났다.

"문익환 씨는 지은 죄를 회개하고 온 국민 앞에서 사죄할 것을 강력히 촉구한다."

"문익환 씨의 월북 사건은 국민을 더 놀라게 하고 있다. 대관절 정부는 그렇게도 무력한가?"

이러한 여론을 만들어 내느라 혈안이 된 사람들이 기독교 단체들이라는 사실이 얼마나 슬픈 일인지 몰랐다.

1989년 4월 3일, 점심 식사를 끝으로 방북 일정은 모두 끝났다. 그가 평양에서 거둔 모든 성과는 전날 조인된 '4 · 2 남북 공동 성명'에 집약되었다. 국제 사회에서 기적 같은 외교 역량을 가진 것으로 평가되는 북한 정부가 문익환이라는 일개 민간인에게 중요한 외교적 약속을 보장하는 파격적인 우대가 그 속에는 담겨 있었다. 선물을 듬뿍 안고 돌아오는 문익환에게 마지막 아쉬움이 있다면 판문점을 통과해서 내려가지 못한다는 점이었다.

"이제 저는 대한민국의 시민이 아닙니다. 백두에서 한라산에 이르는 내 조국의 일원입니다. 그런 자격을 획득했습니다."

판문점을 거치지 못하고 북경, 동경을 거쳐서 돌아가야 한다는 걸 생각하면 민족의 비극이 사무치지 않을 수 없었다. 그러나 신변 안전이 보장되지 않는 판문점행을 만류하는 북측의 뜻을 받아들여 제3국행을 택했다.

문익환의 본래 계획은 도쿄에서 정경모의 주선으로 기자 회견을 할 예정이었으나 뜻밖에도 외신 기자들의 관심이 큰 것을 보고 북경에서도 기자 회견을 가졌다. 그의 방북이 한반도의 통일 문제를 세계사적인 관심사로 부각하리라는 것은 미처 생각하지 못한 문제였다. 그래서 북한 대사관 측에 공동 기자 회견 주선을 부탁했다. 또한 국내 정계와 신문이 들끓고 있음을 목격하면서 그는 또 하나의 기대하지 않은 성과를 발견했다. 전 국민이 양단간 태도를 버리고 냉정해져서 통일 문제를 이성적으로 생각하게 된다면, 그의 방북은 통일 운동의 중요한 전환점이 될 것이 거의 확실했다. 그는 공동 기자 회견 때 귀국해서 체포되면 어떻게 하겠느냐는 질문에 이렇게 답했다.

"체포되지 않길 바라지만 체포된다면, 나는 그걸 정부와 이성적 대화를 하는 기회로 삼겠어요."

국내외 기자 50~60명이 가장 크게 관심을 갖고 있는 것은 김일성이 노태우에게 보내는 편지를 문익환이 가지고 있는가 하는 것이었다. 사실 그것도 평양에서 검토되었으나 한국 정부가 '문익환을 통해서는 어떤 제안도 받아들이지 않겠다'는 태도를 미리 밝힘에 따라 무산되었다.

도쿄에 도착한 것은 예정보다 약간 늦은 오후 2시 5분이었다. 문 목사는 일본 NCC 총간사 나카지마 목사, 일본 그리스도 교단 총간사 마에지마 목사 등의 안내를 받아 NCC 회관으로 향했는데 많은 사람들이 환영을 나와 있었다. 동경 경시청 SP(Special Police) 차가 뒤를 따랐다. 일본이 문익환의 신변 안전에 신경을 쓰는 것은 김대중 납치 사건 같은 일을 염려했기 때문이기도 하지만, 문익환의 일거수일투족이 아시아 정세에 미치는 영향력이 그만큼 컸던 탓이기도 했다. 따지고 보면 일개 민간인에 불과할 수도 있는 한국의 재야 지도자가 일본에서 국빈급 경호를 받는 것을 보면서 민족

운동에 참여했던 재일 동포들은 무한한 긍지를 느꼈다.

그러나 이때 일부 언론은 문익환이 귀국하기를 원치 않는다거나 망명할 거라는 뉴스를 외신에 흘렸다. 정부가 그에게 망명을 종용하고 있다는 증거였다. 문익환은 다음날 도쿄 주재 한국 특파원들을 식당에 초대하여 점심을 같이하면서 그것이 모두 사실무근임을 밝혔다. 하지만 김포 공항에 도착했을 때 형사들이 비행기 안까지 들어와서 문익환과 유원호를 체포했다. 플래시가 계속 터지고 세계 언론이 주시하는 가운데 대한민국의 폐쇄성과 치부가 만천하에 드러나는 순간이었다. 기관원들에게 끌려 내려가면서 문익환은 민족의 치욕을 온몸에 뒤집어쓰는 느낌을 지울 수가 없어서 눈을 감아 버렸다.

두 사람은 안기부로 끌려가 곧바로 구속되었다. 수사부에서는 문익환이 북의 지령에 의해 움직였다는 누명을 뒤집어씌우기 위해 갖은 노력을 다했지만, 그의 행적에서는 도대체 빈틈을 찾을 수 없었다. 알리바이가 대중 앞에 명백하게 드러난 사람에게서 어떻게 지하 공작원의 허물을 씌울 수 있다는 말인가. 수사의 초점은 자연히 주변인에게로 옮겨질 수밖에 없었는데, 일본의 정경모를 간첩으로 만들자면 그의 심부름을 도맡은 유원호를 불가피하게 공작원으로 몰아야 했다. 하지만 유원호를 공격하는 것도 옹색하기는 마찬가지였다. 유원호를 곤경에 빠뜨릴 만한 사소한 시안이 두 가지

정도밖에 없었는데, 하나는 신의주 출신인 그가 고향에 다녀올 수 있도록 헬리콥터를 제공받은 점이었고, 또 하나는 김일성이 포용한 시간이 문익환보다 2초 반이 길다는 점이었다. 도대체 유원호 따위가 뭐라고 북에서 특별기를 제공하며 문익환보다 오래 껴안아 줄 만큼 애정 표현을 했는지 근거를 대 보라는 것이 수사관의 주장이었다. 유원호는 상상도 하지 못한 문제로 펄쩍 뛰었지만, 당국이 떼쓰는 것을 무마할 재간은 없었다.

마침내 문익환이 법정에 섰을 때 두 손이 밧줄에 묶인 채 사진 기자들에게 보여 주었던 소년 같은 미소는, 고령임에도 불구하고 흉악범처럼 묶여 있는 처지와 미묘한 부조화를 이루어 보는 사람들의 마음을 안타깝게 했다. 물론 그의 표정과 눈에는 통일에 대한 확신과 열정이 빛나고 있었지만, 재판은 유치한 여론 몰이에 이용되었다. 정체불명의 사람들이 미리 방청석을 차지하고 앉아 '진짜' 방청객들과 시비를 벌였다. 이윽고 인정심문이 끝나자 방청석에서 한 할머니의 외침이 울려 나왔다.

"재판 시작하기 전에 내가 아들에게 부탁할 일이 있소. 아들은 72살이고 나는 95살이오. 익환아! 너는 우리 7천만 민족을 위해 일하고 감옥에 들어갔으니, 예수님이 십자가를 메고 골고다를 향해 가는 심정으로 재판을 받아라! 익환아, 그것을 기억해라!"

법정 안은 이루 말할 수 없이 숙연해졌다.

"문 목사가 김일성이를 안아 줬다고 뭐라 하는데, 여보시오, 문 목사가 아니면 김일성이를 안아 줄 사람이 없어요!"

그때 터진 요란한 박수 소리와 판사의 제지, "그냥 두시오" 하는 방청객의 반발로 법정 안은 벌집을 쑤셔 놓은 듯했다.

문익환은 법정 유죄에 연연치 않고 진술을 했다.

"45년이나 남이 그어 놓은 금을 지우지 못하고 있다는 사실, 정말 부끄럽습니다. 아직도 이 금이 지워질까 봐 떨고 있는 사람들에게 이 나라의 역사가 맡겨져 있다는 것을 참으로 부끄럽게 생각합니다."

그리고 문익환은 평소에 주장해 오던 분단의 병폐를 낱낱이 지적했다. 민족 문제를 고민하다 절망한 젊은 대학생들의 죽음도, 국제 사회에서 당하는 분단 독재의 수모도, 1천만 이산가족의 눈물도, 노동자, 농민의 가난도, 남북 권위주의 체제의 강화도, 그 모든 원인이 쌍방 간에 한 해에 쏟아붓는 10조 원에 이르는 분단 비용에 있음을 성토했고, 남들이 우리 땅에 그어 놓은 분단선을 걷기 위해 서로 적대할 것이 아니라 '고무', '찬양'할 것을 역설했다. 여기에 안기부와 검찰은 문익환과 유원호의 방북이 북의 지령에 의한 것이고 그들의 대남 혁명 전략에 이용당한 행위라고 주장했다. 변호인단은 재판부가 피고인을 위한 중요한 증거 신청을 모두 기각하는 등 불공정한 재판으로 일관하고 있다고 주장하며 재판부

기피 신청을 했고, 항의하는 뜻에서 모두 퇴장해 버렸다. 하지만 재판부는 재판부대로 변호인 없는 재판을 강행하여 훗날 항소심에서 위법이라는 지적을 받기도 했다.

그해 10월 5일, 피고가 퇴정해 버린 가운데 검사는 무기징역을 구형했고 판사는 각각 징역 10년을 선고했다. 문익환은 이번에도 역시 형량을 문제 삼지 않았으므로 상고는 자동 포기되었다. 이 같은 당국의 조치에 대해 문익환은 처음에는 마음의 상처를 입었다. 남북 대화의 틀을 만들어 주었는데도 노태우 정부는 그것을 통일의 기회로 활용할 생각이라고는 눈곱만큼도 없었다. 그는 진실로 절망했다.

그 때문에 그는 안양 교도소에서 곧 병을 앓기 시작했다. 머리가 너무나 아파서 아무 일도 할 수 없었다. 어려서부터 앓던 만년 두통이나 1976년 첫 번째 감옥살이를 하면서 겪었던 고통과는 비교가 되지 않았다. 머리의 통증이 점점 퍼져 나가 몸 전체가 붓고 위기감이 왔을 때 그는 종양(암)이 생겼다고 판단했다. 감옥살이에 대해 그토록 자신하던 지난 네 번의 수감 생활과는 전혀 달랐다. 생을 마감할 준비를 하고 〈죽음을 앞에 두고〉라는 시까지 썼다. 밖에서는 가족들이 큰 병원에서 치료받게 해 달라고 운동을 벌였다.

병은, 생사의 위험을 무릅쓰고 평양까지 갔다 왔는데도 남북 간의 교류가 뚫리지 않은 정신적 좌절감에서 생긴 감옥 병이었다. 이는 한방에서 '상초경변'이라고 말하는, 이른바 '시어머니에게 구박받는 며느리 병'이라는 것이었다.

한편, 북의 김일성은 문익환이 돌아간 뒤 그를 지칭해 "한 시대에 좀처럼 나오기가 어려운 사람"이라며 자주 회상하고 그리워했다. 당시 문익환이 "우리 어머님이 백 살까지 사시면 통일을 본다"고 말했던 것을 상기하며 '문익환 목사의 어머님이 백 살까지 사시라고 건배!'를 제의하곤 했다고 한다. 마침내 실형이 결정되었을 때는 '문익환 목사 구원 대책 위원회'를 발족했으며, 이듬해 1990년 8월 해방 45주년을 맞아 중앙인민위원회가 조국통일상을 재정했는데 수상자로 문익환을 내정하기도 했다.

문익환은 감옥에서 자신의 희생으로 남북의 통일 정세가 나날이 급변하는 것을 보면서 다시 낙관주의자가 되었다. 그의 방북 효과가 뒤늦게 나타나는 듯, 남북통일 촉구단이 비자 없이 판문점을 넘어서 올라가고 내려오는 등 바야흐로 통일의 계절이 시작된 것이다.

저물지 않는 생애

1990년 10월 20일, 문익환이 형 집행 정지로 19개월 만에 전주 교도소에서 출옥하자, 통일의 열기가 달아오르기 시작했다. 문익환은 그야말로 단 하루도 쉬지 않고 즉각적으로 전선에 나섰다. 자신이 가서 확인했듯이 우리 민중이 조금만 더 박차를 가하면 통일은 금방 손으로 만질 수 있는 지점까지 다가와 있다고 믿었다. 문익환은 가는 곳마다, 또 만나는 사람마다 붙들고 외쳤다.

"1995년을 통일의 원년으로!"

하지만 사람들은 당황스러워했다. 문익환의 방북으로 통일의 길이 열리기 시작했다고는 하나, 그렇다고 어떻게 그렇게 빨리 통일이 이루어질 수 있다는 말인가? 게다가 1995년이어야 할 이유는 또 무엇인가? 꿈과 현실, 신화와 사실, 가공과 실체를 한꺼번에 살아버리는 예언자의 고독이 여기에 있었다.

1995년을 '통일의 해'로 삼자는 이야기가 처음 나온 것은 1988년 스위스 글리온에서였다. 그때 남한 기독교 지도자들이 북쪽 기독교 지도자들을 만나는 자리에서 분단 50년이 되는 해에는 원상 회복을 하도록 기도하며 노력하자고 제안하면서 '희년' 이야기를 꺼냈던 것인데, 그 말을 듣는 순간 문익환은 곧장 〈레위기〉 25장을 떠올렸다.

> 너는 일곱 안식년을 계수할지니 이는 7년이 일곱 번인즉 안식년 일곱 번 동안 곧 49년이라, 7월 10일은 속죄일이니 너는 나팔 소리를 내되 전국에서 나팔을 크게 불지며, 제 50년을 거룩하게 하여 전국 거민에게 자유를 공포하라. 이해는 너희에게 희년이니 너희는 각각 그 기업으로 돌아가며 각각 그 가족에게로 돌아갈지며, 그 50년은 (……) 너희가 밭의 소산을 먹으리라.
>
> ─ 〈레위기〉 25장 8절~13절

희년이란 일곱 안식년(7년)이 지난 다음 해(50년째 되는 해)로서 빚으로 밭이 넘어가도 무상으로 돌려받고 종으로 팔려 갔던 사람도 무상으로 풀려나 자유인이 되는, 말 그대로 '민중 해방이 선포되는 해'였다. 문익환의 생각에도 과연 일리가 있는 이야기였다. '우리가 결코 못난 민족이 아닌데, 남이 멋대로 그어 놓은 금을 반세기가 되도록 못 지우고, 서로 증오하며 50년이나 끌어 오다니, 이렇게 부끄러운 일이 어디 있다는 말인가! 그래서 11월 16일, 부산을 시발로 하여 전국을 돌아다니며 '방북 보고 대회'를 시작했다. 그의 발길이 닿는 곳마다 열화와 같은 환영을 받았다. 노동자, 농민, 종교, 문화, 체육 등 각계각층과 각 분야에서의 통일 운동과 교류가 활발히 추진되었다.

그러나 다른 한편으로 남한의 지식인을 둘러싼 시대상은 암울했다. 걷잡을 수가 없는 국제 정세의 변동 속에서 지식인들은 갈수록 무기력해지고, 분단 관리 세력들은 필사적으로 역사의 길을 가로막았다. 명백히 세기말의 증상이었다. 20세기는 '개발의 신화'가 지배하는 시대였다. 근본적으로 '근대화'와 '산업화'의 경쟁 체제였는데, 개발의 방식, 전략, 모델에 차이가 있을 뿐 산업화를 통해 물질적 삶의 기반을 풍요롭게 한다는 목표 아래 땅 위에는 자본주의의 전 지구화가 실현되고 있었다.

그 무렵, 명지대생 강경대가 시위에 나섰다가 경찰의 진압봉에 맞아 죽는 사건이 벌어졌는데, 그가 나서기도 전에 당국은 "문익환 목사가 장례 위원장을 맡을 경우 재수감하기로 방침을 굳혔다!"

는 보도를 신문과 라디오와 텔레비전을 통해 내보냈다. 그의 육신은 많이 상해 있었지만, 추스를 틈도 없이 다시 장례 위원장이 되었다. 문익환의 우산 아래 민주 시민들은 다시 집결했다. 그날의 장례식 행렬은 신촌 로터리에서 이대 앞까지 이르렀다. 흡사 20세기의 파장을 기다리는 장터와 같았다. 최루탄을 앞세운 진압 전경들과 바리게이트를 지나, 그는 그 무거운 나이에 여섯 번째 투옥을 받아들였다.

문익환은 21개월 동안 지속된 여섯 번째의 감옥살이도 청년의 마음으로 견뎠다. 그리고 1993년 3월, 다시 정든 거리로 돌아왔다. 마지막 가석방이었는데, 고령에도 불구하고 문익환은 인권과 민주화 그리고 통일을 위해 당장 해야 할 일을 눈앞에 두고 지체하지 않았다. 석방되어 박형규 목사를 만나자마자 이렇게 말했다.

"6전 7기라는 말은 없으니까 내가 한 번 더 들어가서 민주주의와 통일을 완수하겠어."

그 무엇도 그의 진실을 가두지 못했다. 겁이라고는 없는 사람, 도대체가 세상의 무서움을 전혀 모르는 사람 같았다. 문익환은 사회에 복귀하는 제1성을 다시 '통일!'로 시작했다.

"아주 시급히 통일 이후를 대비해야 해요. 준비 없는 광복이 50년 동안 얼마나 혼란과 불안을 가져왔어요? 다가오는 통일은 탄탄히 준비된 통일이 되어서 통일의 축포와 함께 우리 모두가 하나 되어 건강한 통일 국가, 신선한 민족 문화를 창조할 수 있어야 해요. 이번에 감옥에서 나올 때부터 그것이 내 숙제였어요. 구체적으로 모든 분야에서 달라붙어서 해야죠. 종교, 교육, 예술, 언어, 정치, 경제 제도, 가족 문제까지 그동안 이질화된 것이 너무 많아 진짜 하나가 되기 위해 할 일이 너무나 많아요."

그는 곧바로 '통일맞이 칠천만 겨레 모임'을 만들자고 제안하고 거리로 나섰다. 그의 발길이 닿으면 우울한 대학가도 금방 새바람이 불었다.

그러나 사람들의 마음은 깊이 병들어 있었다. 한국 민주 세력에게 김영삼 정부의 출현만큼 혼란스러운 것은 없었다. 그것은 어떤 측면에서 보면 틀림없는 역사 발전의 한 반영이었다. 1988년 총선에서 제1야당의 지위를 놓친 김영삼 그룹이 민정당과 합세하여 3당 야합을 이룬 후 집권에 성공했다. 반세기 가까이 권력을 유지해온 보수 세력이 그간 크게 성장한 민중의 힘에 밀리면서 표면적이나마 민주의 형식을 띠지 않을 수 없었던 것이다. 지배 세력도 물리력을 앞세우기보다는 언론과 같은 여론을 장악하는 방식을 취함에 따라 민주 세력의 저항도 토론과 논쟁의 방식으로 변화하게 되었다. 사회 여러 분야에서 민주주의가 진척될 여지가 생긴 것이다.

그러나 역설적이게도 지난 시대에 비해 상대적으로 좋아진 시대에 대하여 민주 세력은 긍정적으로만 받아들일 수 없었다. 그것은 군부와 야합을 통해 선거에서 다수의 표를 차지한 정부라는 측면에서 진정한 민주 세력이 실패한 결과였기 때문이다. 보수 세력과 야합한 김영삼 정부의 한계는 뚜렷했지만, 나름대로 개혁 정책을 시도하고 민주화의 방안을 모색하고 있었다. 문익환은 이 같은 국면을 발전적으로 이끌어 가야 한다며 "김영삼 정권의 실패는 민족사의 총파탄이기 때문에 실패하도록 내버려 두어서는 안 된다"고 말했다.

하지만 그의 생각은 자꾸만 오해를 일으켰다. '김영삼 정부를 실패하도록 방관해선 안 된다' 는 말은 여기저기서 '그것이 김영삼 정부를 지지해야 한다는 말인가' 라는 논박을 가져왔다.

"목사님은 95년에는 꼭 통일이 된다는 믿음을 가지셨고 통일을 맞이하기 위해 고심을 하셨다. 지금이 1908년 한일합방 직전과 똑같다고 보고, 통일이 아니면 우리 민족은 또다시 강대국에게 먹혀 버린다는 강박을 갖고 계셨다. 남과 북의 한민족이 외세의 간섭을 물리치고 자주의 길로 가느냐 아니면 또다시 예속의 길로 가느냐가 김영삼 정부의 임기 내에 결정된다고 여기고, 우리 민족사가 실패의 길을 걷지 않기 위해 김영삼 정부로 하여금 개혁과 통일의 길로 나아가도록 하자는 게 목사님의 뜻이었다."

그의 아내 박용길의 말이다. 문익환은 문민정부가 들어선 후 정부에 대해 보다 적극적인 설득에 나섰다. 1993년 4차 범민족대회 대회장을 맡아 김영삼 대통령에게 초대장을 보낸 것이다. 물론 김영삼은 '대회 불허' 입장을 고수하고 초대에 응하지 않았지만 대담한 조치가 아닐 수 없었다. 전년도 범민족 대회가 정부로부터 불법 집회로 규정돼 무산된 이후 한 월간지의 인터뷰에서도 그는 이렇게 말한 적이 있었다.

"김영삼 정부가 통일할 생각이 없는 것이 아니냐고 단정할 일이 아니다. 김영삼 정부는 군대를 장악하고 있지 않기 때문에 여론에 의해 움직이지 않을 수 없다. 시민의 여론을 따라 나가는 것이 정권의 유지에 유리하다고 판단하는 것이다. 지금은 많은 국민들이 통일을 원하고 있다. 그런데 문제는 정권 내에 역대 군사 정권의 기득권을 유지하고 있는 반통일 세력들이 통일 운동을 탄압하는 것이다. 범민족 대회를 합법적으로 치르려고 한 것은 올해만이 아니다. 범민족 대회는 남과 북과 해외 동포가 함께하는 일이라 합법성이란 불가결한 것이기 때문이다."

이 같은 태도에 기존의 범민련을 고수하려는 사람들은 문익환이 구상하는 새로운 통일 운동 조직은 '범민련을 해체시키려고 하는 안기부의 책동에 호응하면서 흡수 통일을 노리는 김영삼 정권의 신 통일 정책과 연계시키려는 의도를 은폐하려는 것'이라며 규탄의 소리를 높인 것이다.

그리하여 나이 76세의 문익환은 다시 세상에 홀로 섰다. 급진적인 학생들은 그가 제2의 이광수가 되었다고 비판했다. 이 비참한 시절에 그는 오직 민족 통합의 길만을 걸었다. 그를 따르는 사람들은 거의 예외 없이 가난한 사람들이었다. 돈도 없고 정신적인 여유도 없지만 고귀한 것을 향한 감동적인 사랑으로 이 특이한 예언자와 교제하는 것을 영광으로 여기는 사람들이었다.

그러던 1994년 1월 18일, 문익환 목사는 늘 하던 대로 방제명과 유원호와 박용수를 만나 점심을 함께하기로 하는데, 그날은 무슨 급한 일이 있다 해서 30분 늦게 식당에서 만났다. 마침 범민련 해외 본부에서 문 목사를 비난하는 성격의 편지가 와서 답장을 쓰느라 늦었던 것이다. 문익환은 잔뜩 화가 나 있었다. 당시 문익환의 통일 운동은 재야와 일정한 거리를 두고 추진되었으므로, '통일맞이'에 대한 범민련이나 재야인사들의 비방은 어느 정도 감수하고 있었다. 하지만 프락치(첩자)라는 말을 동지들로부터 들었을 때 충격이 어떠하랴. 그 충격 때문이었을까? 이날 쓴 답신은 문익환이 쓴 마지막 글이 되었다.

우리는 지금 분단의 장벽을 결정적으로 돌파해 내야 할 1994년 벽두에 서 있습니다. 금년에 벽을 뚫어 내지 못하면 1995년은 민족 통일의 원년이 될 수 없습니다. 이 중대한 시점에서 우리는 둘로 갈라져 있습니다.

그가 쓴 글씨 하나하는 절규의 숨결을 담고 있었다. 그리고 당일을 넘기지 못하고 그는 돌연한 심장마비로 눈을 감았다.

1994년 1월 18일, 저녁 뉴스에 온 나라가 술렁거리기 시작했다.

"문 목사님이 별세했대요."

"지금 무슨 소리를 하는 거야."

"문 목사님이 돌아가셨다니까요."

"방송에 나오는데 심장마비래요."

믿기 어려운, 믿고 싶지 않은, 뉴스를 듣고 사람들은 곳곳에서 한일 병원으로 밀려들기 시작했다. 한일 병원의 빈소에서는 문익환이 사진으로 웃고 있었다. 하루에도 수천 명씩 몰려오는 조문객들 때문에, 병원 영안실이 비좁아서 이내 한신 대학 강의실로 빈소를 옮겼지만 좁기는 마찬가지였다.

장례 기간 내내 전국 각지에서 자발적으로 빈소가 차려져 수많은 사람들이 참배했다. 거기에는 그의 방북을 극렬하게 비판하던 사람들도 섞여 있었으며, 그의 진실을 뒤늦게 신뢰한 사람도 많았다. 그리고 그가 생전에 거리에 뿌리고 다닌 숱한 아름다운 이름들이 입에서 입으로 퍼져 나갔다. 사람들은 자신의 삶에서 놓치고 싶지 않은 귀중한 것을 잃어버린 듯이 슬퍼했다.

"문 목사님, 사랑해요!"

빈소의 방명록이라고 하기보다는 차라리 편지라고 해야 좋을 글들이 많았다. 영정 앞에는 붉은 장미가 놓이기 일쑤였다. 이것은 곧 사랑이었다.

빈소의 접대 봉사는 막내아들의 영화계 동료들이 맡았다. 조객들을 맞는 일에는 거물 정치 지도자들도 총동원되었다. 북에서 보낸 조화도 그의 죽음을 애도하고 있었다. 안내는 전대협에서 맡았으며, 전국 해고자 투쟁 위원회의 노동자들이 운구를 비롯한 장례식에서 필요한 모든 노동력을 제공했다. 사회의 최하층에서 최상류층까지 각자가 자신이 잘할 수 있는 일들을 떠맡아 온 국민들이 장례식을 모시는 듯한 참으로 진기한 풍경이었다.

상여가 수유리 한신대를 출발해 대학로, 종로 5가, 동대문을 지날 때 하늘에서는 탐스러운 눈이 참으로 예쁘고 다습게 내렸다. 고인이 그렇게도 좋아했던 온 나라의 젊은이들이 수없이 많은 만장을 들거나 상여 앞뒤에 매달렸다. 사람들은 다들 문익환 목사가 가시는 길에 눈이 예쁘게 내렸다는 것으로 억장이 무너지는 슬픔을 아름답게 달랬다.

에필로그

늦봄 문익환! 그는 1976년 3·1 구국 선언을 첫발로 삼고, 1994년 1월 18일 사면되지 못한 가석방 상태로 마석 공원에 묻힐 때까지 햇수로는 19년간, 달수로는 215개월, 날수로 6,529일 중에서 달수로 102개월, 날수로는 3,102일 동안만 감옥 밖에서 우리와 함께 살았다. 한국인들이 알고 있는 문익환에 대한 모든 추억은 그 1백여 개월 동안의 것에 불과하다. 그러나 그는 우리 사회에 너무나 많은 추억을 남기고 떠났다.

그의 장례식이 끝났을 때 뒤에 남겨진 사람들에게는 엄청난 후유증이 찾아왔다. 사람들은 부랴부랴 그의 흔적을 챙기기 시작했지만 사상서라 할 만한 것조차 남아 있지 않았다. 평소 그를 존경하던 출판사에서 두꺼운 책으로 열두 권짜리 《문익환 전집》을 출간했으나, 말년의 역작 《히브리 민중사》와 건강 문제를 다루는 유고집 《더욱 젊게》를 빼고 나면 자투리 글들의 모음뿐이었다.

그 고명하던 학식은 다 어디로 가버렸단 말인가. 문익환의 혀, 문익환의 잇몸, 문익환의 입술은 초등학교 문턱보다도 낮아서 한글을 깨친 자는 누구나 알아들을 수 있을 만큼 명료했다. 지식인이라면 응당 있기 마련인 지적 오만과 권위주의가 그의 언어에는 터럭만큼도 담겨 있지 않았다. 그러나 그 속에 담긴 내용들은 우리로 하여금 깔깔 웃고 난 뒤에 통곡하게 만든다.

사랑은 남아도는 것처럼 넘치는 생명을 가진 강자에게만 있는 것입니다.

그는 자신의 마음을 글자가 아니라 발바닥으로 쓰고자 했으니, 세월이 흐르면서 숱한 존재들의 발자국이 덮어 버리면 점점 지층 밑으로 사라져 갈 것이었다. 그렇다고 살아 있는 사람들을 못 돌아다니게 할 수도 없는 일 아닌가?

그러나 그것이 문익환이 땅 위의 사람들에게 남긴 마지막 선물이었다. 그가 예수의 말 중에서도 가장 좋아하는 말이 이것이었다.

나는 섬김을 받으러 온 것이 아니라 섬기러 왔노라.

그렇다! 한 걸음만 떨어져서 생각해 보면, 한반도에서 지난 한 세기 동안 인간성을 위협해 온 '냉전 감정'이라는 위험한 심리는 누구보다도 그를 통해서 물러났다. 그리고 그로 인해 우리는 잘못된 수치심 없이 저 아득한 20세기의 나날들을 다시 들여다볼 수 있게 되었고, 또 분단, 전쟁, 국가 폭력 같은 두려운 단어들이 아닌 따뜻한 언어로도 우리의 역사를 기록할 수 있다는 사실을 배웠다. 어떤 악조건 속에서도 인간의 품위를 잃지 않고 꿈과 사랑을 보여 준 그의 큰 발걸음 덕분에 새로운 세대는 다른 눈으로, 더 잘, 더 자유롭고, 더 정직하게 자기들의 시대를 껴안을 수 있게 되었다.

제가 문익환 목사님 이야기를 쓰려고 마음을 먹은 것은 1999년이었습니다. 그해가 지나면 20세기가 끝나고 21세기가 시작된다 하여 세상은 아주 소란했습니다. 저도 작가로서 우리 민족의 20세기를 추억할 수 있는 이야기를 쓰고 싶었습니다.

당시의 책이나 언론은 우리의 20세기를 "일본에게 침략당하고 남한과 북한이 전쟁을 하며 분단과 군사 독재로 온 나라가 불행했던 시대"로 기록하는 게 보통이었습니다. 그런데 가만히 생각해 보면 그런 것은 대부분 '우리가 당한 사건'이었지 '스스로 만들어 낸 사건'은 아닙니다. 우리가 자신의 역사를 능동적으로가 아니라 수동적으로 이해하는 잘못을 범하고 있다는 생각을 하게 되었습니다.

사실, 어느 민족에게나 어려운 시련이 닥쳐도 인간으로서의 꿈과 사랑을 잃지 않고 공동체를 지켜 내어 후손들에게 아름다운 세상을 물려주는 자랑스러운 사람들이 있기 마련입니다. 저는 20세기에 사용된 한국어로 된 이름들 중에서 '문익환'이라는 이름으로 펼쳐진 생애가 거기에 가장 어울린다고 보았습니다.

그리하여 중국, 일본, 북한 등을 찾아가 많은 곳을 방문하고 많은 사람들을 만나서 문익환 목사님에 대한 이야기를 묻고 들었습니다. 또 문익환 목사님이 직접 쓰신 글과 다른 사람이 쓴 글, 그리고 문익환 목사님의 삶을 알기 위해서 필요한 자료들을 쫓아다녔습니다. 여기에 유족들의 도움도 크게 받았습니다. 결국 5년 만에 완성한 책이 2004년에 출간된 《문익환 평전》입니다.

그런데 책을 내놓고 보니 정작 중요한 청소년들이 읽기에는 어려운 책이 되고 말았습니다. 세월은 빨리 흐르는 것이고, 세상은 변하며, 날마다 새로운 이야기가 만들어지기 때문에 글을 쓰는 입장에서도 문익환이라는 이름을 처음 듣는 사람들을 고려해야겠구나, 특히 외국인도 알아들을 수 있도록 한국 사회가 어떤 환경을 가졌는지를 잘 그려야겠구나 하고 생각하다 보니 글이 너무 길고 어렵게 된 것입니다.

오랫동안 벼르다가 이제야 짧고 쉽게 쓰려는 엄두를 내게 되었는데, 그동안 청소년을 위한 글쓰기를 해보지 않아서 제대로 되었는지 알 수 없습니다. 키 큰 나무에서 사는 새와 키 작은 나무에서 사는 새가 다르듯이, 어른의 입에서 사는 언어와 청소년의 입에서 사는 언어도 다르다는 사실을 깨닫는 데 한참 시간이 걸렸습니다.

문익환 목사님 이야기는 이미 지나간 날들에 대한 이야기가 아니고 우리의 21세기가 어느 자리에서 펼쳐져야 하는지를 알려 주는, 그래서 아직도 계속 태어나고 있어야 하는 이야기라고 저는 생각합니다. 부디 많은 친구들이 읽고 이웃들과 추억할 수 있다면 더 이상 바랄 나위가 없겠습니다. 하지만 이 글이 재미가 없게 쓰였다면 다른 사람이라도 나서서 문익환 이야기가 오래오래 잊히지 않도록 해 주기를 바랍니다. 만약 누군가 다시 쓰겠다고 하면 저는 언제라도 제가 아는 내용을 자세히 들려줄 것입니다. 이것은 그냥 하는 말이 아니라 한창 젊은 나이에 문익환 목사님을 거리에서 직접 보고 감동을 받았던 행운아로서 드리는 약속입니다.

끝으로 이 글을 쓰는데 도움을 준 많은 분들을 거론하지 못하고 그냥 한꺼번에 인사말을 남기는 게 아쉽습니다. 다들 너무 감사합니다.

2010년 2월에 서울에서 김형수가

1918년 ▶ 양력 6월 1일, 북간도 명동에서 아버지 문재린 어머니 김신묵의 장남으로 태어남.

1819년 ▶ 3.1 만세 운동에 일가족이 참가. 북간도 대한국민회에서 활동하던 아버지가 그 여파로 이듬해에 일본 영사관에 구금됨.

1825년 ▶ 명동 소학교 입학.

1831년 ▶ 명동 소학교 졸업, 용정으로 이사.

1832년 ▶ 용정 해성 소학교 졸업하고 은진 중학교 입학. 캐나다 유학을 마치고 돌아온 아버지(문재린 목사)가 용정 중앙 교회에서 목회 활동을 시작함.

1835년 ▶ 봄, 평양 숭실 학교로 전학하여 4학년에 편입함. 어릴 때부터 함께 자랐던 윤동주는 가을에 같은 학교에 전학하여 3학년으로 편입하였음.

1836년 ▶ 신사 참배 반대로 동맹 퇴학하고 다시 북간도로 돌아와 광명 학원 중학부 5학년으로 편입함.

1940년 ▶ 일본에 유학하여 도쿄 시나가와 교회에서 봉사 활동을 하면서 장래 아내가 될 박용길 전도사와 활동함.

1941년 ▶ 폐병으로 귀국하여 일시 금강산에서 6개월 동안 휴양함.

1943년 ▶ 학병을 거부하여 만주 봉천 신학교로 옮김. 장춘에서 시골로 들어간 만인보 한인 교회에서 전도사 활동 시작.

1944년 ▶ 서울의 박용길과 결혼하여 만보산에서 신혼살림을 시작함.

1945년 ▶ 어린 시절부터의 친구 윤동주 시인이 후쿠오카 형무소에서 사망. 아버지가 일본 헌병대에게 체포된 뒤 서인 감옥에서 석방되고, 다시 공산당에 체포됨. 문익환은 신경 중앙 교회에서 전도사로 근무하던 중에 해방을 맞음.

1946년 ▶ 8월, 걸어서 신의주, 사리원, 개성을 거쳐 서울에 도착함. 그 길로, 먼저 월남한 아버지가 계시는 김천으로 내려가 김천 배영 중학교에서 영어 교사가 됨. 11월 17일, 장남 문호근을 낳음.

1947년 ▶ 6월에 한신대를 졸업하고 목사가 됨.

1949년 ▶ 미국 프린스턴 신학교로 유학을 떠남.

1950년 ▶ 유엔 극동 사령부에서 근무. 정전 회담 통역. 정경모와 만남.

1953년 ▶ 막내 문성근을 낳음. 미군을 대상으로 하는 한국어 학교 교장이 됨.

1954년 ▶ 프린스턴 신학교 대학원을 마치고 신학 석사 학위를 받음.

1955년 ▶ 한국에 돌아와 한빛 교회에서 목사로 활동. 한신대, 연세대에서 강의하기 시작.

1965년 ▶ 다시 미국에 건너가 유니온 신학교에서 1년간 공부를 하고 옴.

1968년 ▶ 신·구교 공동 구약 번역 책임 위원으로 8년간 일하면서 구약의 40퍼센트를 차지하는 시를 이해하기 위해 시를 공부하기 시작함.

1973년 ▶ 첫 시집 《새삼스런 하루》를 출간하면서 '늦봄' 이라는 아호를 사용하기 시작함.

1975년 ▶ 수필집 《새것, 아름다운 것》 출간.

1976년 ▶ '3.1 민주 구국 선언' 성명서를 작성하여 명동 성당에서 발표. 다음날 구속되어 최초 옥중 생활이 시작됨. 그 사건으로 많은 사람이 잡혀가고, 동생 문동환, 아내 박용길, 맏아들 문호근도 중앙정보부에 끌려가 조사를 받음. 번역 시집 《릴케 기도시선》 출간.

1977년 ▶ 전주 교도소에서 21일간에 걸쳐 '나라와 민족의 장래를 위한 옥중 단식' 단행. 그해 마지막 날 형 집행 정지로 22개월 만에 출옥함.

1978년 ▶ 두 번째 시집 《꿈을 비는 마음》을 냄. 10월에 유신 헌법의 나쁜 점을 주장했다 하여 형 집행 정지가 취소되고 다시 감옥에 감.

1979년 ▶ 12월에 형 집행 정지로 15개월 만에 출옥.

1980년 ▶ '내란 예비 음모죄' 로 구속되어 공주, 안양, 서울 등지에서 징역살이를 함. 공주 교도소에 있을 때 24일간 단식함.《통일을 비는 마음》출간.

1982년 ▶ 12월 24일, 형 집행 정지로 31개월 만에 출옥.

1983년 ▶ 1월부터 '고난 받는 사람을 위한 갈릴리 교회' 담임 목사가 됨.

1984년 ▶ 세 번째 시집《난 뒤로 물러설 수 없어요》출간. 첫 번째 옥중 서한집《꿈이 오는 새벽녘》출간. 논설집《통일은 어떻게 가능한가》출간. 계훈제, 백기완, 장기표 등과 함께 '민주통일국민회의'를 결성하고 의장에 취임.

1985년 ▶ 3월부터 '민주통일민중운동연합'(민통련) 의장에 취임. 서울대 계명대 등에서 한 강연이 선동죄로 지명 수배 되어 스스로 출두하였으나 재판을 거부함. 1심에서 3년형을 받고 네 번째 감옥 생활. 12월 29일 아버지 문재린 목사 별세.

1987년 ▶ 형 집행 정지로 26개월 만에 출옥. 이한열 장례식에서 연설. 12월 대통령 선거를 부정 선거라고 규탄하면서 항의 단식함.

1989년 ▶ 1월 1일, 김주석이 신년사에서 남북 정치 협상 회의를 제의하며 남쪽의 각 정당 당수와 김수환 추기경, 백기완 선생과 함께 문익환을 평양으로 초청함. 3월 25일 북한에 가서 김일성과 두 차례 회담을 갖고, 4월 2일 북의 조국평화통일위원회와 공동 성명을 발표함. 시집《한 하늘 두 하늘》출간.

1990년 ▶ 북한에서 해방 45주년을 맞아 제정한 '조국통일상' 수상. 9월에 어머니 김신묵 권사 별세. 10월에 형 집행 정지로 19개월 만에 전주 교도소에서 석방. 《히브리 민중사》, 《가슴으로 만난 평양》, 《빼앗긴 변론》, 《걸어서라도 갈 테야》 출간.

1991년 ▶ '5.18 광주 항쟁 유족회'가 주는 '오월시민상'을 받음. 5월에 강경대 장례 위원장을 맡음. 세 번째 옥중 서한집 《하나가 되는 것은 더욱 커지는 일입니다》 출간. 시집 《옥중 일기》 출간.

1992년 ▶ 1월에 미국의 친우 협회(퀘이커)가 문익환 목사를 노벨평화상 후보로 추천함. 4월에 서울에서 '문익환 선생 노벨평화상 수상을 위한 후원회' 발족.

1993년 ▶ 3월에 형 집행 정지로 21개월 만에 출감. 4월에 '통일맞이 칠천만 겨레모임' 운동을 제창하고 사월혁명 연구소가 주는 '사월혁명상'을 받음.

1994년 ▶ 1월 18일 오후 8시 30분 자택에서 쓰러져 한일 병원으로 옮겼으나 별세. 성남 모란 공원에 묻힘. 네 번째 옥중 서한집 《목메는 강산 가슴에 곱게 수놓으며》와 건강 파스 요법 《더욱 젊게》가 사후에 출간됨.